협동학습

협동학습

1쇄 인쇄	2018년 3월 21일
3쇄 발행	2025년 3월 4일

지은이	권진하
펴낸이	고종율

펴낸곳	(사)파이디온선교회
등록	2013년 9월 12일 제 2013-000163호
주소	서울특별시 서초구 서초대로 141-25(방배동, 세일빌딩)
전화	마케팅실 070) 4018-4040
팩스	마케팅실 02) 6919-2381

값 15,000원
ISBN 979-11-6307-002-3 03230
ⓒ 2018 파이디온선교회 All rights reserved.

- 신 저작권법에 의하여 한국 내에서 보호받는 저작물이므로 무단 전재와 무단 복제를 금합니다.
- 본문의 성경은 한글개역개정을 사용하였습니다.

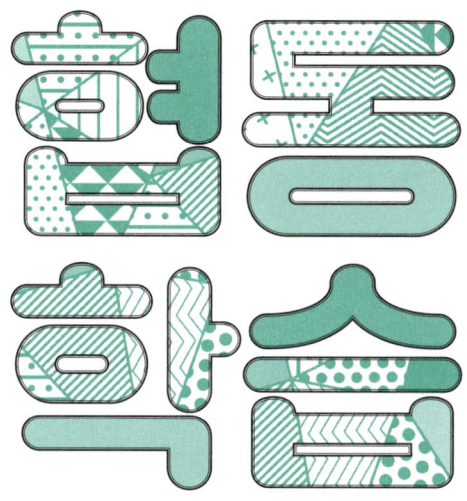

협동학습

주일학교 반목회 이노베이션

권진하

추천사

우리 사회를 병들게 만드는 가장 심각한 삶의 원리는 비교와 경쟁입니다. 사회의 경쟁의식은 교육을 경쟁 구조로 바꾸어 놓았고, 교육의 경쟁 구조는 사회를 더욱 경쟁적으로 몰아가는 악순환으로 이어지고 있습니다. 그런 악순환을 끊고 서로 돕고 서로 격려함으로 함께 원원하는 다른 세상을 만들어야 할 책임이 그리스도인들에게 있습니다. 우리가 섬기는 우리 하나님, 성삼위 하나님은 서로 경쟁하고 비교하지 않으십니다. 예수님은 그 제자들인 우리도 협동함으로써 하나님의 나라를 세우길 바라십니다. 권진하 목사님은 협동학습으로 교회 교육을 변화시키기 위해 헌신해 온 소중한 사역자입니다. 이번엔 협동학습의 원리를 반목회와 성경공부에 실제적으로 어떻게 접목할 수 있는지를 보여줌으로써 주일학교의 학습문화를 변혁할 수 있는 길을 제시하기 위해 이 책을 썼습니다. 그가 보여준 구체적인 예시들을 확대 적용함으로써 한국교회의 지루하고 산만한 성경공부의 현실이 흥미진진한 영적 탐험으로 바뀌게 되길 기대합니다.

양승헌 목사_ 세대로교회 담임

권진하 목사님은 어떻게 하면 아이들에게 복음을 잘 가르치고 전달할 수 있을지 고민하며 연구해 온 전문가입니다. 주일학교 목회현장에서의 고민과 다년간의 임상을 거친 방법론은 현장 사역자들에게 큰 도움이 되리라 생각합니다.

전하는 이의 일방적인 열정으로 끝나버리는 기존의 방법론을 뛰어넘어 참여하는 아이들의 마음도 동일하게 불타오르게 할 좋은 사역적 툴이 제시되고 있습니다. 다음 세대를 품고 기도하는 분들에게 좋은 책이 되리라 믿고 추천합니다.

이찬수 목사_ 분당우리교회 담임

이 책은 오늘날 한국교회의 가장 심각한 과제로 떠오른 주일학교의 위기를 해결하기 위한 실제적인 대안을 제시하고 있습니다. 매주일 아침에 이루어지는 주일학교의 분반공부를 관계중심의 소그룹 협동학습으로 전환하는 것입니다. 이것은 단지 교수방법의 변화를 의미하는 것이 아니라 교사와 학생의 인격적인 관계의 회복을 의미하며 소그룹 공동체의 형성이라는 교육의 성격과 시스템의 변화를 의미합니다. 이 책은 책상 위에서 쓰인 것이 아니라 저자가 전국의 교회교육 현장을 발로 뛰면서 온 몸으로 쓴 것이기 때문에 한 문장 한 문장이 생생하고 꿈틀거리는 힘이 있습니다. 교회교육의 이론과 실제의 벽을 허물고 늘 현장의 변혁을 위해 헌신적으로 일하는 저자가 쓴 이 책은 모든 주일학교 교사는 물론 누군가를 진정 변화시키기를 원하는 모든 사람들이 읽어야 할 필독서입니다.

박상진 교수_ 장로회신학대학교 기독교교육학과

CONTENTS

들어가며 10

I 주일학교의 베이직

1 다음세대가 사라진다 15
2 하필 오늘은 공과공부가 없다 18
3 소명을 향해 나아가라 21

II 관계 중심 소그룹을 위한 교사의 역할

1 관계 속에서 사랑을 경험하게 하라 27
2 학생의 말에 귀 기울이라 30
3 학생들과 함께 아파하고 공감하라 32
4 학생의 가정형편까지도 이해하라 35
5 가정의 중요성을 부모와 함께 나누라 38

III 협동학습 구조와 성경공부 실제

1 왜 협동학습인가? 43
    1) 협동학습이란 무엇인가? 43
    2) 협동학습 구조의 의미 47
    3) 협동학습으로 소그룹을 이끌라 47
    4) 협동학습에서 교사의 역할 49

2 22가지 협동학습 구조 50
    1) 모둠문장 52
    2) 플래시 카드 62
    3) 문제 던지기 70
    4) 가치수직선 74
    5) 번호순으로 82
    6) 거미집 88
    7) 동전 내놓기 96
    8) 발표 카드 100
    9) 다시 말하기 카드 106
    10) 순위사다리 110
    11) 생각-짝-모둠 116
    12) 참, 거짓? 122
    13) 벤 다이어그램 126
    14) 마인드맵 132

15) 파이차트 ··· 138
16) 결심문장 ··· 144
17) 만일그래프 ·· 150
18) 함께차트 ··· 156
19) 5W차트 ·· 162
20) 스펙트럼 ··· 168
21) 양팔저울 ··· 176
22) 홀쭉이 질문, 뚱뚱이 질문 ··· 180

IV 소그룹 활성화를 위한 시스템 구축

1 삼각형 시스템 ·· 189
   1) 교사 양육 ·· 190
   2) 학생 리더 양육 ·· 191
   3) 학생 양육 ·· 192
2 체계적 양육 시스템 ·· 193
3 건강한 주일학교를 세우는 소그룹리허설 ···················· 196

나가며 ··· 200
참고자료 ··· 202
부록 ··· 203

들어가며

주일학교 현장 사역자들을 만나서 사역의 어려움들을 나누다 보면, 공통적으로 듣게 되는 고민은 반목회와 소그룹 운영방법에 대한 것이 가장 많았다. 주일학교 교사들을 돕기 위해 반목회와 소그룹 방법에 대한 강의를 할 때에도 제기되는 문제는 동일했다. 강의 직후에는 '강의가 유익했다', '반을 운영하는 데 도움이 될 것 같다', '소그룹 진행에 큰 힘이 된다' 등의 피드백이 있지만 몇 개월이 지난 후 강의했던 주일학교들에서 들려오는 소식은 처음의 좋았던 결과들이 계속 유지되지 않는다는 것이었다.

처음에는 이해가 잘 되지 않았다. 왜냐하면 새롭게 적용한 소그룹 운영방법이 잘 유지되는 교회도 많이 있고 실제 필자가 섬기는 교회의 사역 현장에서도 좋은 열매를 얻고 있었기 때문이다. 그래서 어려움을 겪고 있는 주일학교를 다시 한 번 방문해서 현장을 돌아보았다. 그때야 비로소 어려움을 겪고 있는 이유를 알게 되었다.

새롭게 배운 내용 자체의 문제라기보다 주일학교와 교사들이 새로운 것을 받아들이고 이를 유지할 시스템을 갖추지 못했다는 점이 문제였다. 그래서 어떠한 내용을 배워도 계속해서 유지하고 정착하게 할 수가 없다는 것이다. 이를 통해 시스템이 중요하다는 것을 알게 되었다.

사실 이전에는 시스템의 중요성을 강의 중에 따로 언급하지 않았다. 너무나 당연한 것이라고 생각했기 때문이다. 그런데 알고 보니 우리 주일학교들은 당연한 그 시스템을 유지하고 있지 않았던 것이다.

이 책이 소개하는 소그룹 운영 방법인 협동학습(III부)이 정착되기 위해서는 체계적인 시스템 구축이 필요하며(IV부), 나아가 이를 위한 출발점이자 기초적인 토양이 될 주일학교의 베이직(I부)을 다시 세우고, 관계를 회복하는 과정(II부)이 선행되어야 한다.

이러한 전체적인 큰 그림을 가지고 주일학교를 운영할 때, 지금 당장은 큰 열매가 보이지 않는다 하더라도 한 해 한 해 시간이 갈수록 하나님의 말씀으로 세워져가는 건강한 다음세대를 보게 될 것이다. 이렇게 세워진 다음세대가 앞으로 한국교회의 미래를 짊어지고 나갈 지도자들이 될 것을 기대한다.

I

주일학교의 베이직

1
다음세대가 사라진다

백성이 여호수아가 사는 날 동안과 여호수아 뒤에 생존한 장로들 곧 여호와께서 이스라엘을 위하여 행하신 모든 큰 일을 본 자들이 사는 날 동안에 여호와를 섬겼더라 여호와의 종 눈의 아들 여호수아가 백십 세에 죽으매 무리가 그의 기업의 경내 에브라임 산지 가아스 산 북쪽 딤낫 헤레스에 장사하였고 그 세대의 사람도 다 그 조상들에게로 돌아갔고 그 후에 일어난 다른 세대는 여호와를 알지 못하며 여호와께서 이스라엘을 위하여 행하신 일도 알지 못하였더라(삿 2:7-10)

사역의 현장에서 만나는 사역자들은 영아부부터 고등부까지 주일학교 전반에 걸친 체감적 '숫자 감소'에 크게 당황하고 있다. 한국교회에서 대표적인 모 교단의 주일학교 10년 동안의 변동 현황을 보면, 교회 내 초등학생

이 1년에 만 명씩 사라지고 있음을 알 수 있다. 〈출처: 한국기독공보. 2016년 8월 22일 보도〉

인간이 성장 발달하는 과정에서 4세부터 14세까지 10여 년은 너무나 중요한 시기이다. 이 시기는 긍정적으로든 부정적으로든 세계관이 형성되는 시기일 뿐 아니라, 건강한 자존감 형성에 가장 중요한 때이다. 특히 신앙의 가치보다 학업의 가치를 우선시하는 현실 속에서, 다음세대는 어렵게 신앙생활을 이어가고 있다.

지금 한국교회는 분명 젊은 세대를 잃어가고 있다. 특별히 고등학교 3학년 학생들이 고등부 졸업 후 청년부로 연결되지 못하고 3년 이내에 교회를 떠나는 비율이 50%를 넘는다는 사실은 누구도 부인하지 못하는 현실이다. 이러한 현상이 지속된다면 우리의 다음세대가 하나님을 알지 못하는 세대가 될 수 있다는 심각성을 느껴야 한다.

그렇다면 그들은 왜 교회를 외면하고 떠나는가? 필자는 그 이유를 크게 두 가지로 생각해보았다. 첫째는 상황에 흔들리지 않는 믿음을 소유하지 못했기 때문이고, 둘째는 신앙과 학업이 연계된 비전과 진로 계획을 세우지 못했기 때문이다.

고등학교를 졸업하는 청소년들은 대학에 가거나 직장에 들어가는 경우가 대부분인데, 이때부터 이전과 비교해서 그리스도인으로서 구별된 삶을 요구받는 빈도와 강도가 커진다. 대학과 직장의 문화가 이미 세속적으로 흐른 지 오래되었고, 이러한 상황에서 바른 선택을 하지 못하게 되면 결국은 그 문화 속에 동화되어 믿음을 잃어버리게 되는 것이다.

세상의 흐름을 거슬러 하나님의 자녀라는 정체성을 가지고 날마다 믿음으로 선택하며 살아가는 다음세대를 세우고자 한다면 어려서부터 매주일 이어지는 예배와 공과공부를 통해 믿음의 작은 승리를 경험하도록 해야 한다. 처음부터 큰 승리를 경험하기는 쉽지 않다. 주일학교 교사들이 먼저 자신의 삶 속에서 믿음의 승리를 경험한 내용을 주일학교 소그룹 모임에서 다음세대에게 증거함으로써, 하나님의 말씀을 다음세대도 경험하도록 해야 한다.

또한 꿈 없이 달려왔던 지난 시간들, 기대와 다른 대학, 이 모든 것들로 인해 청소년들은 마음의 혼돈을 겪으며 교회를 떠나 방황의 시기를 보내게 된다. 진학과 진로에 대한 현실의 벽 앞에서 혼란과 좌절을 경험하는 이 세대가 하나님이 주신 달란트를 발견하고 그 달란트를 통해 소명을 찾아가도록 주일학교가 도와야 한다.

2
하필 오늘은 공과공부가 없다

'한국의 주일학교 현장에서 다음세대를 예수 그리스도의 제자로 세우기 위한 양육이 제대로 이루어지고 있는가?'

누가 필자에게 이 질문을 던진다면, 자신 있게 '예'라고 말할 수가 없다. 필자는 주일학교 컨설팅을 위해 전국교회의 주일학교를 탐방할 기회가 많았다. 그리고 그때마다 방문한 교회의 주일학교 부서별 예배와 공과공부 그리고 양육시스템을 돌아볼 기회가 있었다. 그런데 공과공부 모습을 보고 싶다고 요청했더니, 신기하게도 어느 사역자는 이렇게 대답하였다. "하필 오늘은 공과공부가 없습니다."

전국의 어느 교회를 가도 적어도 한 부서 이상에서 듣곤 하는 말이다. 그 이유는 '오늘은 행사가 있어서', '오늘은 공과공부 준비를 못해서' 등이었다. 개교회 주일학교 현장을 직접 방문해서 조사한 내용을 분석해보아도 공과공부는 1년 52주 중에서 평균적으로 35-40주 정도만 이루어지는 것으로 파악되었다. 이 같은 현상은 대형교회나 중소형 교회가 크게 차이가 나지 않았다.

또 주일학교를 탐방하다 보면, 간혹 미리 준비한 간식을 나누어 먹으면서 공과시간을 보내는 모습을 보게 된다. 그럴 때 내가 선생님들께 꼭 부탁하는 말이 있다.

"선생님, 친구들과 공과공부 시간에 간식을 먹으면 우리 아이들이 한 시간 행복할 수 있습니다. 하지만 결코 한 주간 행복하지는 않습니다. 선생님이 공과공부 시간 30분 동안 잘 준비된 하나님 말씀을 먹여주시면 우리 아이들은 그 말씀 때문에 한 주간 행복할 수 있습니다. 꼭 하나님의 말씀을 전해주십시오."

간식을 먹이지 말라는 것이 아니다. 간식을 먹이되 말씀을 먼저 먹이고 난 이후에 먹여야 한다.

사실 공과공부 시간을 통해 우리 아이들에게 정말 좋은 것을 먹이기에는 환경이나 시간이 너무나 부족하다. 그렇기에 주일에 아이들을 만나서 말씀을 가르치는 시간은 어떻게 보면, 영양가 있는 것을 먹인다기보다는 생수로 갈증을 해결해주는 정도가 아닌가 생각한다. 아이들에게 생수를 먹이면서 '다음 주까지 이 물 마시고, 제발 건강하게 돌아오너라' 하고 기도하며 아이들을 세상으로 보내는 것이다. 그런데 이런 기본적인 물조차 아이들에게 먹이지 않고 세상으로 보낸다면 어떻게 세상 속에 동화되지 않고 믿음을 지키고 있는 아이들의 모습을 볼 수 있겠는가?

우리 아이들이 생활하는 학교는 선교지이다. 즉 타문화권이다. 거기에서는 기독교 세계관이 아닌 인본주의 세계관, 진화론적 세계관이 팽배하기 때문이다. 그러한 곳에 아이들을 보내면서 아무 준비 없이 보낸다면 과연 우리 아이들이 다음 주까지 건강하게 살아 있겠는가? 따라서 공과공부 시간을 확보하고 그 속에서 진정한 변화가 일어나도록 다음세대를 양육하는 것이 절실하다.

소명을 향해 나아가라

형제들아 나는 아직 내가 잡은 줄로 여기지 아니하고 오직 한 일 즉 뒤에 있는 것은 잊어버리고 앞에 있는 것을 잡으려고 푯대를 향하여 그리스도 예수 안에서 하나님이 위에서 부르신 부름의 상을 위하여 달려가노라(빌 3:13-14)

인천의 모 중학교 전교생을 대상으로 진로캠프를 진행한 적이 있다. 캠프 프로그램 중에 자신의 목표 인식을 점검하는 시간을 가졌다. 목표 진단은 목표가 있는지 없는지를 넘어 좀 더 구체적으로 목표가 있다면 어느 상태인지, 없다면 어떤 상태인지를 묻는 활동이다. 그때 가장 많은 아이들의 답변은 "목표가 있지만 확실하지가 않아요", "목표는 있지만, 당장 무엇을 해야 할지 모르겠어요"였다.

주일학교 청소년부를 대상으로 진로캠프를 진행할 때에도 같은 활동을

해보았다, 내심 신앙생활을 하는 청소년들은 뭔가 다르지 않을까 기대해보았지만, 가장 높은 순위를 차지한 것은 일반 청소년들과 마찬가지였다. "목표가 있지만 확실하지가 않아요." "당장 무엇을 해야 할지 모르겠어요."

그리스도의 제자로 부름받은 우리 자녀들에게 명확한 목표가 없는 모습을 보면서, 주일학교 사역자들에게 그들이 방향을 찾도록 도와주는 역할이 필요하다고 강조하고 싶다. 우리의 다음세대가 바울처럼 예수 그리스도 안에서 푯대를 향하여 믿음의 경주를 마칠 수 있도록 기도하며 도와야 할 것이다.

아프리카 초원에서 빠른 동물을 고른다면 톰슨가젤을 뺄 수 없다. 그런데 가젤에게는 단점이 하나 있다. 곧 시력이 약하고 방향감각이 떨어진다는 것이다. 그래서 무척 빨리 뛰기는 하나, 뛰다가 자기들끼리 부딪치고, 바위에 부딪치고, 나무에 부딪친다. 결국 속도는 빠른데, 가야 할 곳으로 가지 못하고 좌절하곤 한다. 가젤의 이야기와 동일한 맥락에서 지금 아이들에게 꼭 필요한 것이 무엇인지 생각해보게 된다. 과연 속도인가, 방향인가?

대학만을 향해 달려오던 학생들은 입시가 끝난 후, 진학과 진로에 대한 현실의 벽 앞에서 혼란과 좌절을 경험하게 된다. 꿈 없이 달려왔던 지난 시간들, 성적에 맞추어 진학한 대학, 이 모든 것들이 마음의 혼돈을 가져오고 그 결과 교회를 떠나 방황의 시기를 보내게 되는 것이다.

따라서 주일학교는 우리의 다음세대가 소명의 목표를 찾도록 도와야 한다. 오래 전부터 품었던 목표를 향해 긴 여행을 떠나야 한다. 어떤 학생은 사회의 직업현장에서, 어떤 학생은 대학에 진학하면서 그 길을 열어가게 될 것이다.

요셉도 처음에는 자신이 꾼 꿈의 의미를 몰랐을 것이다. 하지만 하나님의 뜻과 계획이 자신을 통해 성취되는 것을 믿음으로 받아들이고, 죽음의 고비와 역경들 속에서도 방향을 놓치지 않고 끝까지 달려가면서 그의 인격이 성숙해지고, 하나님을 향한 믿음이 성장했다.

이처럼 우리 아이들도 하나님이 주신 꿈을 가슴에 품고, 비록 더딜지라도 끝까지 방향을 잃지 않고 달려가면서 하나님이 부르신 소명에 응답하는 그리스도의 제자로 살아가도록 격려와 응원을 아끼지 말아야 할 것이다.

II

관계 중심 소그룹을 위한 교사의 역할

관계 속에서 사랑을 경험하게 하라

예수께서 이르시되 네 마음을 다하고 목숨을 다하고 뜻을 다하여 주 너의 하나님을 사랑하라 하셨으니 이것이 크고 첫째 되는 계명이요 둘째도 그와 같으니 네 이웃을 네 자신같이 사랑하라 하셨으니 이 두 계명이 온 율법과 선지자의 강령이니라 (마 22:37-40)

공과공부 소그룹 모임 안에서 나눔을 통한 말씀의 가르침이 이루어지기 기대한다면 교사와 학생들, 학생들과 학생들 간에 깊은 사랑의 관계가 형성되어야 한다. 기독교교육의 목표는 단순히 지식을 전달하는 것이 아니라고 믿는다. 지식이 아니라 관계 속에서 사랑을 경험하는 것이 기독교교육의 목표이어야 한다.

우리가 고민해야 할 것은 20-30분 정도의 짧은 공과공부 시간만이

도, 하나님의 위대한 이야기가 다음세대에게 전달되고 그 말씀으로 삶의 변화가 있어나고 있는가이다.

    필자가 살펴본 주일학교의 모습은 그렇지 못했다. 교사는 나름대로 최선을 다하여 목소리를 높여 말씀을 전하려고 하지만, 이에 반응하지 않는 아이들의 모습을 너무나 쉽게 볼 수 있었다. 공과공부 시간에도 휴대폰을 보고 있는 학생이 있는가 하면, 옆 사람과 떠드는 친구, 심지어 엎드려 자는 학생들도 볼 수 있었다. 왜 아이들이 교사의 가르침에 집중하지 않는가? 혹시 교사인 우리가 공과공부의 첫 단추를 잘못 끼운 것은 아닌가?

    교회 안에는 중요한 두 가지 관계축이 있다. 하나는 '나와 하나님과의 관계'요, 또 다른 하나는 '성도 간의 관계'이다.

    먼저 나와 하나님과의 관계 속에서 하나님 사랑을 경험하는 시간이 말씀이 선포되는 예배시간이다. 그리고 학생과 학생, 교사와 학생의 관계 속에서 서로에 대한 사랑을 경험하는 시간이 공과공부인 것이다. 그런데 주일학교의 공과공부 시간에 진정 사랑을 경험하고 있는가?

    교회를 빠지지 않고 출석하던 아이가 이사를 간 것도 아닌데, 어느 날 갑자기 교회를 나오지 않는다면 그 이유가 무엇이겠는가? 물론 아이는 여러 가지 표면적인 이유를 들 수 있겠지만 실제로는 내 이야기를 들어주고 공감하고 반응해주는 친구 한 사람, 내 어려움에 귀 기울여 주는 선생님 한 분이 없기 때문은 아닐까! 좋아하고 함께하고 싶은 친구 한 명만 있어도, 자신의 힘든 현재 상황을 이해해주실 선생님 한 분만 계셔도 결코 교회를 떠나지 않을 것이다.

일 년 동안 함께 공부한 학생들의 이름조차 기억하지 못하고 일 년을 마치다면, 어찌 기독교교육이 제대로 이루어진다고 말할 수 있겠는가! 아울러 담임 선생님에 대한 사랑과 신뢰가 형성되지 않고서야 어찌 양육이 진행될 수 있겠는가!

2
학생의 말에 귀 기울이라

몇 년 전에 있었던 일이다. 어느 교회에서 예배시간에 성도의 가방을 도난당하는 사건이 일어났다. 더욱이 금요기도회, 주일예배, 수요예배에서 반복적으로 도난사건이 일어났다. 그러다 수요예배 시간에 드디어 가방을 훔치는 사람을 잡게 되었다. 알고 보니 그는 교회 인근 중학교 1학년 학생이었고, 교회 길 건너편 아파트에 살고 있었다.

학생은 휴대폰 요금이 몇 차례에 걸쳐 200여만 원이 나오자 그것을 갚으려고 가방을 훔쳤다고 했다. 그 학생과 대화를 나누는 중에 가정형편을 듣게 되었는데, 어릴 때 부모님이 이혼하신 후 엄마와 함께 살고 있으며, 엄마는 저녁부터 아침까지 일을 하시기 때문에 얼굴 보기도 힘들다고 했다.

그날 저녁에 그 학생과 함께 집에 가 보았다. 저녁 늦은 시간인데도 불 꺼진 그 집에는 아무도 없었다. 밥은 어떻게 먹느냐고 물었더니, 하루 세 끼를 라면으로 때운다고 했다. 질리지 않느냐고 되묻자, 라면 종류를 바꿔가며 먹으면 괜찮다고 했다. 진지하게 대답하는 그 친구의 모습을 보면서 가슴이 먹먹했다. 그런데 더욱 마음이 아픈 것은 이 친구가 초등학생일 때 교회를 다닌 적이 있다는 것이었다. 물론 지금은 교회에 다니지 않는다고 했다. 왜 계속 교회에 다니지 않느냐고 물어보니, 이렇게 대답했다.

"교회에 다니면서 너무 궁금한 게 많았습니다. 그래서 선생님께 매주 계속해서 여쭈어보았습니다. 처음에는 자세히 대답해주시던 선생님이 몇 주가 지난 후에는, 저의 질문에 짜증내시며 앞으로 궁금한 것은 전도사님께 물어보라고 하셨습니다. 그래서 교회에 가기 싫어졌고, 그 다음 주부터 교회에 가지 않았습니다."

만약 그때 주일학교 선생님이 끝까지 그 친구의 이야기에 관심을 가져주고 사랑으로 대해주었다면, 그리고 출석하지 않는 그 친구를 끝까지 찾아가서 품어주었다면 어땠을까? 그랬다면 그의 모습은 지금과 다르지 않았을까?

한 부모 가정에서 자라고 있었던 그에게 필요했던 것은 무엇보다도 부모님의 빈자리를 채워주는 관심과 사랑이 아니었을까? 그렇기에 매주 선생님과 대화하고 싶어서 질문하지 않았을까 생각해본다.

교사의 역할은 단지 지식을 전달하는 것에 그치지 않는다. 교사는 학생들의 진정한 친구가 되어야 한다. 고민과 걱정을 듣고 함께 아파해주고, 힘이 되는 친구 말이다. 지금 가르치고 있는 아이들이 혹시 나의 마음을 알아달라고, 나의 이야기를 들어달라고, 나에게 관심을 가져달라고 눈짓으로 표정으로 말하고 있지는 않은가? 그들의 마음을 읽는 일에 관심을 가져야 한다.

3
학생들과 함께 아파하고 공감하라

아이들 사이에 '가친(가상의 친구)'이라는 스마트폰 애플리케이션(앱)이 유행하고 있다는 글을 읽은 적이 있다. 이 앱에서 사용자는 대화 상대방의 이름을 정하고, 좋아하는 사진을 상대 프로필 사진으로 설정한다. 이렇게 '가상 톡'을 하면서 아이들은 '진짜 친구와 대화하는 것' 같은 경험을 하게 된다. 특히 이 앱을 설치한 사람 중 70-80%가 십대라는 통계는 왠지 마음을 짠하게 한다. 이는 실제 우리 아이들이 느끼는 외로움과, 자신의 이야기에 반응하고 공감해주는 사람에 대한 갈급함을 보여 준다.

주일에 교회에서 만나는 우리 아이들은 어떨까? 주일학교에 오는 아이들의 표정을 살펴보면 다들 밝아 보이지만, 사실 마음이 아픈 아이들이 많다. 얼마 전에 만난 모 교회 초등부 사역자는 자신이 맡고 있는 부서의 아이 중에 한 명이 자살을 하고 싶다고 해서 상담 중이라고 이야기했다. 평소에는 밝았던 그 아이가 학교생활에서 어려움을 만났고, 이를 나중에 알게 된 부모님의 요청으로 상담 중이라고 했다.

가정환경이 어려운 아이들도 많다. 한 부모 혹은 조손부모 가정의 아이들도 사역을 하다보면 많이 보게 된다. 가정에서 충분한 관심과 사랑을 경험하지 못하는 아이들도 많이 있다는 것을 기억해야 한다. 이러한 우리 아이들의 상황을 바라보노라면, 마음과 마음을 나누는 교사와 교회의 관심이 어느 때보다 필요함을 절감하게 된다.

어린 시절 주일학교를 다닐 때, 지금도 떠오르는 좋은 시간이 있었다. 공과공부를 마치면 가끔 선생님과 교회 앞에 있는 시장 안 허름한 식당에서 함께 칼국수를 먹으면서 이야기를 나누던 일이다. 무슨 이야기를 나누었는지는 잘 기억나지 않지만, 즐겁고 행복했던 기억은 지금도 생생하게 남아 있다. 오랜 시간이 지나고 가족과 함께 모교회를 방문한 적이 있는데, 그때 딸들과 함께 그 식당을 찾아가서 칼국수를 먹었다. 그 칼국수 집이 아직도 영업을 하고 있어서 무척 반가웠다. 그때 딸들에게 그 칼국수에 담긴 아빠의 추억을 들려주었다. 나에게는 잊히지 않는 소중한 추억이기 때문이다.

교사는 평상시에 아이들과 좋은 관계를 맺고 추억을 만드는 데 관심을 기울여야 한다. 아이들과 좋은 관계를 맺기 위한 최적의 때를 놓쳐서는 안 된다. 그 최적의 때는 아이들이 강한 감정을 보이는 시간이다.

예를 들면 다음과 같은 경우이다. 무서울 때, 친구가 이사를 갔을 때, 큰 실수로 창피할 때, 친구와 싸웠을 때, 시험을 앞두고 불안할 때, 친구들에게 놀림을 당했을 때, 누군가를 몹시 좋아할 때 등이다. 이는 아이들과 친해질 수 있는 더없이 좋은 기회다. 더욱 적극적으로 아이들과 이야기하고 감정을 읽어줄 때 아이들은 선생님께 더욱 가까이 다가올 것이다. 또한 주일마다 주일학교 예배실 입구에서 아이들의 이름을 부르며 반갑게 맞아주어야 한다. 이 때 아이들은 선생님께 더욱 가까이 다가와 마음을 열게 될 것이다.

온 교회 성도들과 주일학교 선생님들이 우리 아이들에게 평생에 남을 아름다운 추억을 만들어주었으면 좋겠다. 특별히 외로워하고, 힘들어하는 다음세대와 함께 아파하고 공감함으로 예수님의 사랑을 전하는 주일학교가 되기를 기대한다.

학생의 가정형편까지도 이해하라

교사모임에서 결석한 학생들의 심방보고서를 읽다 보면, 간혹 이런 내용을 읽을 때가 있다. "김○○, 아빠 집에 갔음", "박○○, 엄마 집에 갔음."

처음에는 이 말이 무슨 뜻인지 잘 몰랐다. 하지만 얼마 지나지 않아 이 말뜻이 무엇인지 알게 되었다. 그것은 한 부모 가정의 아이들이 주말에 떨어져 살고 있는 엄마, 아빠를 만나러 가느라 교회를 결석했다는 것이다.

언젠가는 토요일에 한 학생을 가정방문했다. 다세대주택 지하에 살고 있었는데, 부모님은 일하러 나가시고 혼자서 집을 지키고 있었다. 집안에 들어갔을 때, 그 학생은 집의 불을 모두 끈 채로 혼자 텔레비전을 보고 있었다. 왜 불을 다 끄고 있느냐고 물으니, 부모님이 전기세 걱정에 불을 끄고 있으라고 하셔서 그랬다는 답이 돌아왔다.

사실, 교회에서 그 학생의 표정만 보아서는 한 부모 가정에서 자라고 있다는 사실이나 그렇게 어려운 환경이라는 것을 전혀 알 수 없었다. 왜냐하면 교회에서는 늘 표정이 밝았기 때문이다. 학생의 표정이 너무 밝았기에 그 형편을 알고 난 후에 그 학생을 볼 때 세심하게 관심을 갖지 못한 것에 더욱 미안해졌다.

만약 학생들의 가정을 방문하고 돌아보지 않았다면, 그들 각자의 형편을 구체적으로 알기는 더욱 어려웠을 것이다. 교사에게 가정방문은 서류와 기록이 아닌 마음과 마음으로 학생들을 만날 수 있는 자리이다. 교회에서 미처 발견할 수 없었던 아이들의 모습을 다양한 형태로 보게 될 것이다.

주일학교에서 하나님의 말씀을 배우는 것이 즐겁고 행복하려면, 기본적으로 가르침을 주는 교사와 학생들 사이에 신뢰와 사랑의 관계가 형성되는 것이 중요하다. 나에게 관심을 가져주고, 나의 집을 찾아오신 선생님, 나의 환경과 형편을 잘 아는 선생님이 나를 가르친다는 사실만으로도 아이들은 선생님에 대해 더욱 큰 신뢰를 갖고, 배움에 의욕을 보일 것이다.

나아가서 가정방문은 교회교육에 대하여 부모님의 호감을 얻는 기회가 될 것이다. 자녀를 향한 부모님의 기대와 기도제목을 찾고, 교사가 그 가정과 아이를 위해서 축복하고 기도할 때 학부모와의 좋은 접촉점을 얻게 될 것이다.

어떤 주일학교 교사는 매주 토요일 저녁에, 가정방문을 가지 못했기에 얼굴도 본 적 없는 학부모에게 "내일 김○○, 교회에 보내주세요"라고 말하고 전화를 끊는다. 반면에 다른 교사는 이미 가정방문을 다녀와서 서로를 잘 알고 있는 상태에서, 주중에(수요일 전에) 전화해서 "지난주일 성경공부 시간에 김○○가 발표를 했는데, 생각이 얼마나 깊은지 모르겠어요.

하나님이 축복하시는 자녀가 될 거예요. 저도 요즘 김○○를 위해 매일 기도하고 있습니다"라고 이야기 나누며 주일학교 출석을 부탁한다. 여러분이 학부모라면 어느 교회, 어느 선생님께 자녀를 보내겠는가?

5
가정의 중요성을 부모와 함께 나누라

얼마 전에 모 중학교에서 학생들을 대상으로 강연을 한 적이 있다. 학교에서 요청받은 강연의 주제는 '자존감'이었다. 요즘 학생들이 자존감이 너무 떨어져서 매사에 우울하고 의욕이 없다는 선생님의 설명이 있었다.

자존감이란 자신이 사랑받을 만한 가치가 있는 소중한 존재이고, 어떤 성과를 이루어낼 만한 유능한 사람이라고 믿는 마음이다. 이러한 자존감은 학업, 위기극복능력, 대인관계 등 삶의 모든 영역에 영향을 미치게 된다. 그렇다면 왜 다음세대가 자신이 가치 있는 사람이고 좋은 장점을 가지고 있으며 행복한 사람이라는 것을 느끼지 못하고, 우울함과 무기력 속에 살아가고 있는 것일까?

그 첫째 이유는 다른 사람과 자신을 비교하며 자신의 가치를 부정하는 삶의 태도 때문이다. 베드로전서 2장 9절에 "오직 너희는 택하신 족속이요

왕 같은 제사장들이요 거룩한 나라요 그의 소유된 백성이니 이는 너희를 어두운 데서 불러내어 그의 기이한 빛에 들어가게 하신 자의 아름다운 덕을 선전하게 하려 하심이라"고 말씀하셨다. 우리 자녀들은 하나님 나라의 제사장들이다. 아울러 하나님의 이름을 선전하도록 부르심을 받은 존재이다. 이러한 존재의 의미를 잊어버릴 때 삶의 방향을 잃고 방황하게 되는 것이다.

둘째는 두려움과 우울, 불안이라는 감정적 요인 때문이다. 자존감이 낮은 사람은 실패에 대한 두려움이 높다. 높은 에베레스트 산을 오르려고 해도 처음부터 정상 등정에 성공할 수는 없다. 처음 내딛는 발걸음이 있어야 한다. 42.195km의 마라톤을 완주하려면 처음 달리는 1km가 있어야 한다. 작은 승리를 경험해야 큰 승리도 할 수 있는 것이다.

이렇게 작은 승리를 경험하며 나아가더라도 중간에 반드시 벽을 만나게 된다. 즉 "네가 가진 것이 있느냐?", "너를 밀어주는 사람이 있느냐?" 같은 현실의 벽과 마주치게 된다. 결국 그 현실의 벽이 무엇인가? 그것은 바로 두려움이다. 두려움이 우리 자녀들의 마음을 사로잡고 한 발자국도 앞으로 나아가지 못하도록 막고 있는 것이다.

그렇다면 자신이 존재하는 의미를 잃어버리고, 두려움 앞에서 우울함과 무기력 속에 자존감을 잃어가는 다음세대를 위해 부모가 할 수 있는 일은 무엇인가? 부모 자신이 성숙한 그리스도인의 정체감을 삶 속에서 자녀들에게 보여주는 것이다.

부모가 먼저 이 땅에 제사장으로 부름받았다는 소명의식을 가지고, 삶에서 만나는 수많은 문제가 아니라 지극히 크시고 두려우신 주님께 초점을 맞출 수 있어야 한다. 물론 부모도 완전하지 않다. 완전한 부모가 되는 방법을 배운 적도 없고 또 배운다고 잘 되지도 않는다. 부모의 역할을 잘 감당하는 것은 정말 어렵다. 그러하기에 부모에게도 모델이 되시고 도움을 주시는 하나님 아버지가 꼭 필요하다. 시편 127편 1절은 이렇게 말하고 있다. "여호와께서 집을 세우지 아니하시면 세우는 자의 수고가 헛되며 여호와께서 성을 지키지 아니하시면 파수꾼의 깨어 있음이 헛되도다."

그렇다. 부모가 먼저 여호와를 의지하면서 기도하고, 말씀의 원리를 찾으며 살아가는 모습을 가정에서 자녀들에게 삶으로 보여주어야 한다. 하나님과 세상을 연결하는 제사장다운 삶의 모습과, 두려움을 믿음의 용기로 뚫고 지나가는 모습을 자녀들에게 보여주어야 한다. 아울러 자녀가 세상의 풍파와 맞서 싸우느라 힘들 때 함께 울어주고, 세상이 주는 두려움 속에 자존감을 잃어갈 때마다 믿음의 용기를 갖도록 기도하는 부모가 되어야 한다. 부모가 기도할 때 하나님이 일하시기 때문이다.

필자의 집은 바로 앞에 큰 길이 있고 길가에 버스정류장이 있는 곳이다. 이사한 지 얼마 되지 않아 저녁 늦은 시간에 시내버스를 타고 귀가한 적이 있었다. 버스 안에 손님도 없었고, 버스에서 내리자 주변은 어두웠고 지나가는 사람들도 보이지 않았다. 잠시 스산한 기분이 들었다. 하지만 그 기분은 오래 가지 않았다. 길 건너편에 불 켜진 우리집이 보였기 때문이다. 마음이 놓이고 두려운 생각도 사라져버렸다. 두려움 때문에 우울함과 무기력 속에 자존감을 잃어버리고 살아가는 다음세대에게 우리의 가정이 어둠 속에도 환히 보이는 불 켜진 집처럼, 위로와 평안을 주는 안식처가 되었으면 좋겠다.

III

협동학습 구조와 성경공부 실제

왜 협동학습인가?

교회교육은 급변하는 시대를 살아가는 신자들에게 불변하는 하나님의 말씀을 바르게 전달하고, 말씀을 배우는 가운데 하나님 그리고 친구들과의 관계 속에서 사랑하는 것에 목적이 있다. 그런데 우리 교사들은 자신이 지금까지 배워왔고 가르쳤던 방법(주입식, 경쟁식)에 얽매여 그리고 새로운 것을 시도하고 바꾼다는 것 자체가 싫어서 다음세대가 진정 원하는 효과적인 형태의 학습방법을 외면하고 있지는 않은가? 이러한 문제점들에 대한 대안으로 협동학습(Cooperative Learning)이 요구된다.

1) 협동학습이란 무엇인가?

정문성 교수는 그의 저서 「열린교육을 위한 협동학습의 이론과 실제」(2002)

에서 협동학습의 유래에 대해 아래와 같이 설명하였다.

협동(cooperation)은 인류의 역사와 함께 시작된 생활방식이다. 탈무드에 보면 "배우기 위해서는 학습 친구를 사귀어야 한다"라는 말이 있다. 뿐만 아니라 로마 철학자 세네카(Seneca)도 "가르치면 두 배로 배운다"라고 하였고, 17세기경 코메니우스(Comenius)는 "다른 학생을 가르치거나 배움으로써 배움의 효과를 얻는다"고 하였다. 1806년에는 미국 뉴욕에 란체스터 스쿨(Lancaster School)이 설립되면서 협동학습이 미국에 소개되었다. 이처럼 '협동'은 인류의 생존 방식이었으므로 협동학습도 새로운 아이디어는 아니다. 그러나 이 협동이 수업방식으로 교실에 도입된 것은 19세기 후반에 와서야 이루어졌다. 특히 미국 메사추세츠 주 퀸시의 공립학교 교장이었던 파커(Parker)는 열정적인 협동학습 주창자였으며 실천가였다. 그의 뒤를 이어 존 듀이(John Dewey)도 협동학습을 강조하였다.

협동학습이란, '이질적인 학생들로 구성된 소집단에서 공동의 목표를 설정하고, 그 목표를 달성하기 위해 공동 과제를 서로 돕고, 책임을 공유하며, 과제 해결 결과에 대해 공동으로 보상을 받는 학습 행위'로 정의할 수 있다.

오늘날 학교교육은 경쟁적인 평가를 통해 비범한 학습자와 열등한 학습자를 분류하는 데 관심을 둘 뿐 각 개인에게 동등한 기회를 부여하지 못하고 그 결과 비인간적 관계가 만연해 있기에 학급의 경쟁적 학습구조를 협동적 구조로 전환하는 노력을 경주하고 있다. 결국 협동학습은 학습자를 실제 수업에서 능동적인 참여자로 적용시키는 수업 형태이다. 그렇다고 하여 경쟁학습이나 개별학습 형태를 전적으로 배척하는 것은 잘못이며, 목표 달성을 위해 협동학습 과정에서 개별학습이나 경쟁학습을 적절히 활용하는 것이 바람직하다.

열악한 교육 환경, 부족한 재정, 이런 것들 역시 오늘의 주일학교 침체를 설명할 수 있는 하나의 원인이 될 수도 있겠지만 근본적으로는 살아 있는 하나님의 말씀이, 말씀을 갈급해 하는 아이들의 마음속에 쉽고 재미있게 전달되지 않는 데 더 큰 원인이 있다고 본다.

말씀을 받는 아이들의 상태와 필요를 고려하지 않고 일방적으로 교사가 주입식으로 전달하는 공과공부는 영적으로 공허한 아이들의 마음을 채우기에는 너무나 부족했다. 또한 각 교단 공과의 중요한 교수방법으로 협동학습이 사용되고 있지만, 이에 대한 교사들의 이해 부족으로 공과공부 교재를 효과적으로 사용하지 못하는 어려움도 있다. 근본적으로 공과공부는 소그룹 방식이다. 따라서 주입식 방식이 아닌 소그룹 방식으로 공과공부를 진행해야 한다.

협동학습을 배우고 적용한 교회의 피드백을 보면 아래와 같다.

우리는 어느 시대보다도 소그룹에 대한 관심이 높은 시대에 살고 있습니다. 그러나 어떤 관점과 동기로 소그룹을 바라보느냐에 따라 사역의 열매는 달라질 수 있습니다. 소그룹과 리더들을 좀더 효과적으로 훈련시켜 건강한 교회를 세워가는 일은 하나님 나라를 펼쳐가는 일에 소중한 사역이라고 생각합니다. 협동학습 세미나를 통해서 창조적인 교수법과 교사의 사명을 뜨겁게 재확인하는 시간을 갖게 되었습니다. 학생 모두에게 사역을 나누어주어 능동적으로 학습과정에 참여하게 하는 방법, 모둠 세우기라는 새로운 학습법을 통해서 학생들이 서로 도우며 서로 사랑하며 서로 섬기는 삶을 살아가도록 촉진시킬 수 있는 매우 좋은 학습방법임을 알게 되었습니다. 관계 중심의 교수법을 통해서 학생들은 긍정적인 마음을 갖게 되고, 각자가 책임있는 삶을 형성하고, 서로의 성공을 기뻐할 수 있는 인격을 세워나가는 데 탁월한 학습법이었습니다. 이번 세미나를 통해서 말씀 나눔이 부담이 아니라 기쁨이며 주일이 기다려진다는 말을 듣게 되었습니다. (이효종 목사)

교육부서를 섬기면서 소그룹과 반목회의 중요성을 인식해서 연초마다 소그룹과 반목회에 관련된 교사세미나를 진행해왔습니다. 주일학교를 섬기는 현장에서 선생님들이 제일 고민하는 것이 바로 이 부분임을 자연스럽게 알게 되었습니다. 하나님의 마음을 가진 교사로서 하나님의 말씀을 정확하게 그리고 이해하고 함께 참여할 수 있는 방법을 소개받고 적용할 수 있는 좋은 계기가 된 것 같습니다. 주일학교 학생들이 말씀 주변을 돌다가 끝나는 것이 아니라 말씀의 주인공이 되어서 자신의 생각을 표현하고 말씀 안에서 다듬고 상호작용하는 귀한 시간이 될 것입니다. 주일학교 반모임이 지루하고 힘든 시간이 아니라 가장 재미있고 기다려지는 시간, 말씀 속에서 삶을 경험하는 역동적인 시간이 될 수 있을 것 같습니다. 이번 세미나를 통해서 현장에서 다음세대를 품고 느끼는 우리 선생님들이 활짝 날아오를 수 있을 것 같아서 너무나 행복합니다. (최상영 목사)

2) 협동학습 구조의 의미

정문성·김동일은 그의 저서 「열린교육을 위한 협동학습의 이론과 실제」 (1998)에서 협동학습의 구조를 아래와 같이 설명하였다.

> 어떤 교실이든 학습이 일어나는 곳에는 그에 맞는 학습구조가 존재한다. 학습구조는 한 집단 속의 개인이 그들의 공동목표(학습목표)를 달성하기 위해 구성된 서로가 특정한 상호작용을 하도록 동기를 제공받게 하는 틀을 의미한다. 이 학습에 참여하는 개인은 교사와 학생이다. 그러므로 교사와 학생은 그들의 공동목표를 위해 서로 협동적·경쟁적·개별적 행동을 하게 된다. 즉 협동적·경쟁적·개별적 구조가 그것이다. 여기서 구조는 교육의 목표를 달성하기 위해 학습내용을 가르치고 배우고 평가하는 전 과정에 작용하는 기본적인 틀로 사용된다. 예를 들어 협동학습 구조는 소규모의 집단에 공통의 학습목표가 주어지고 이것을 달성하기 위해 구성원이 서로 도우면서 학습을 하게 된다. 여기서는 긍정적인 상호의존성을 가지게 되는데, 즉 타인이 성공해야 자신도 성공할 수 있음을 인식하게 된다. 그러므로 자신들 모두에게 이익이 되는 결과를 얻으려고 노력하게 된다.

3) 협동학습으로 소그룹을 이끌라

협동학습은 학생도 훌륭한 교사가 될 수 있음을 증명해 보인다. 학생보다 더 훌륭한 교사는 없으며, 학생을 교사로 세운 교사보다 더 훌륭한 교사는 없다(정문성, 2002).

소그룹의 주체는 교사가 아니라 소그룹에 참여한 학생들이어야 한다. 소그룹은 인도자의 일방적인 강의를 듣는 시간이 아니라 한 주간의 삶 속에서 각자가 하나님의 말씀을 읽고 경험한 은혜를 나누는 시간이기 때문이다. 따라서 협동학습은 기존의 인도자가 주도적으로 이끌어가는 '전통적인 소집단학습'의 대안으로, 학생들이 주도적으로 참여하는 새로운 형태의 소그룹방법이다.

'전통적인 소집단학습'과 대조되는 '협동학습'의 원리를 몇 가지 살펴보면 아래와 같다.

첫째, 협동학습은 긍정적인 상호의존성에 기초를 두고 있다. 자신뿐만 아니라 구성원 모두의 성취에 관심을 갖도록 구조화되어 있다. 반면에 전통적인 소집단학습에는 이러한 상호의존성이 항상 존재하는 것은 아니다.

둘째, 협동학습에는 개인적인 책임성이 존재한다. 협동학습은 모든 구성원의 성취에 기초해서 그 집단이 평가받기 때문에 자신의 성취뿐만 아니라 다른 구성원의 성취에도 관심을 가지고 도움을 준다. 그러나 전통적인 소집단학습은 개인이 다른 구성원들의 성취에 무임승차할 수도 있다.

셋째, 협동학습은 동등한 참여를 이끌어내기 위해 모든 구성원이 리더가 될 수 있고 리더십에 대한 책임을 느끼지만, 전통적인 소집단학습에서는 주로 탁월한 한 학생이 리더로 지정되고 책임을 지게 된다.

넷째, 협동학습의 구성원은 목표 달성을 위해서 모두가 동시다발적으로 상호작용을 하게 되지만, 전통적인 소집단학습에서는 그런 상호작용을 보기 어렵다.

이러한 원리가 작동되도록 소그룹을 이끌어갈 때, 비로소 진정한 협동학습을 하고 있다고 말할 수 있다.

4) 협동학습에서 교사의 역할

협동학습을 소그룹에 원활하게 적용하기 위해서는 무엇보다 교사의 준비과정이 필수적이다. 이미 언급한 것처럼 학생들에게 바른 방향을 제시하는 것이 우선적으로 필요하다. 즉 하나님 말씀의 중요한 가치를 가르치고 소명을 발견하도록 끊임없이 도전해야 한다. 또한 교사와 학생들이 친밀한 관계를 맺는 데 더욱 관심을 가지고 노력해야 하며, 나아가 소그룹에 함께 참여하는 학생끼리 좋은 관계를 형성하는 일에도 힘써야 한다. 이러한 과정을 통해 소그룹 안에서 삶을 나눌 수 있는 토양을 만드는 것이 교사가 가장 먼저 해야 할 일이다.

초·중등학교 현장에서는 이미 협동학습이 보편적인 수업방식으로 정착되어 있다. 사실 협동학습은 교수학습이론의 하나로 일반교육학에서 시작되었지만 교회교육에서 더욱더 강력한 효과를 발휘할 수 있다. 왜냐하면 협동학습은 교회공동체를 회복하고, 교회 내 소그룹모임(공과공부, 제자훈련, 구역)을 세우는 데 가장 강력한 방법을 제공하기 때문이다.

협동학습을 적용한 주일학교 공과공부는 재미는 말할 것도 없고, 하나님의 말씀을 즐겁게 암기하고, 아이들 스스로가 자신의 마음을 열어 생각을 나눔으로써 다음세대의 삶에 변화를 일으키게 될 것이다.

2
22가지 협동학습 구조

주일 성경공부를 이끌어 가는 소그룹의 과정은 어느 교재를 사용하든 대체로 아래의 단계를 따라 이루어질 것이다.

- 마음열기

학생들이 그날 배우고 익힐 진리를 소개하되 마음열기의 과정을 통해 학생들의 마음을 주제로 향하게 한다.

- 말씀이해와 암기

그 주제에 대한 성경의 대답인 진리를 발견하게 하는 말씀이해의 과정을 거친 후 말씀을 암기한다.

- 적용과 결단

말씀을 내면화하기 위한 적용과 결단의 과정을 거친다.

이 장에서는 협동학습 22개 구조의 개요를 소개하고, 또한 그 구조를 활용하여 학생들과 성경을 즐겁게 배우게 하는 실제 사례를 준비해두었다. 성경을 가르치고 배우는 과정을 협동학습 구조를 습득하고 활용함으로써 더욱 생기 있고 즐거운 소그룹 시간을 학생들과 함께 만들어가기를 기대한다.● (22가지 협동학습 구조에 대한 설명 일부는, 디모데에서 출간한 「협동학습」의 내용을 출판부의 허락 아래 참고하였음을 밝힌다. 해당되는 항목의 소개글 말미에 ●표시를 넣었다.)

1) 모둠문장

모둠문장 구조는 문장 중에 한 부분을 비워 그 자리에 들어갈 여러 가지 단어를 생각해보고 소그룹 안에서 서로의 생각을 나누는 구조이다. 이 구조는 다양한 사고와 깊이 있는 생각을 이끌어낸다. 또한 서로의 생각을 나눔으로써 최고의 아이디어를 찾아낼 수 있으며 시너지를 발휘할 수 있다. TV 예능 프로그램에서도 이러한 형식을 많이 사용하고 있어 우리에게는 익숙한 구조이다.

   너무 뻔한 대답이 나올 만할 주제는 피하는 것이 좋으며 다양한 아이디어를 기대할 수 있는 내용을 다루는 것이 효과적이다. 따라서 교사나 인도자에게는 주제를 너무 빗나가는 대답이 나오면 내용을 걸러주고 주제에 집중하도록 인도하는 역량이 필요하다. 구체적인 예들은 '성경공부 적용 실제'를 참고하면 도움이 될 것이다.*

진행 단계

1 생각하기
교사는 주제를 알려주고, 모둠문장의 빈칸에 들어갈 단어가 무엇인지 생각할 시간을 준다.

2 혼자 써보기
모둠문장의 빈칸에 들어갈 단어를 써본다.

3 모둠문장을 돌아가면서 읽기
모둠 안에서 각자가 쓴 문장을 무작위°로 돌아가면서 읽는다.

4 모둠 토론
발표를 마친 후 서로의 문장에 대해 의견을 나누고 종합한다.

● **무작위:** 정해진 순서 없이 서로 돌아가며 발표하는 방식이다. 가장 쉬운 적용 방식은 발표한 사람이 그 다음 발표자를 지명하는 것이다. 이외에도 학생들에게 번호를 정해주고 주사위를 사용해서 발표 순서를 정하거나 사다리 타기 등을 활용해서 순서를 정하는 것도 좋다.

성경공부 적용 실제

마음열기

제목 **만약 아르바이트를 해서 돈이 생긴다면?**

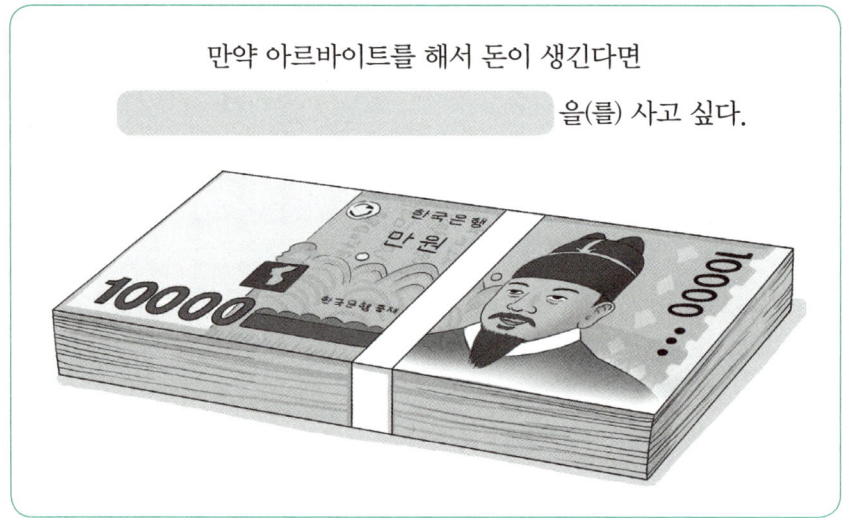

만약 아르바이트를 해서 돈이 생긴다면 _____ 을(를) 사고 싶다.

1 **생각하기**
교사는 만약 아르바이트를 해서 돈이 생긴다면 무엇을 사고 싶은지 모둠문장의 빈칸에 들어갈 단어를 학생들이 생각하도록 시간을 준다.

2 **혼자 써보기**
모둠문장의 빈칸에 들어갈 단어를 학생들 각자가 써본다.

3 **모둠문장을 돌아가면서 읽기**
모둠 안에서 각자가 쓴 문장을 무작위로 돌아가면서 읽는다.

4 **모둠 토론**
한 명씩 발표를 마칠 때마다 서로 호응해주고 이야기를 함께 나눈다.

제목 부모님께 드리고 싶은 효도쿠폰

성경공부
적용 실제

마음열기

1 생각하기
교사는 부모님께 어떻게 효도하면 기뻐하실지 효도쿠폰으로 만들어진 모둠 문장의 빈칸에 들어갈 단어를 학생들이 생각하도록 시간을 준다.

2 혼자 써보기
효도쿠폰의 빈칸에 들어갈 단어를 학생들 각자가 써본다.

3 모둠문장을 돌아가면서 읽기
각자가 적은 쿠폰의 내용을 모둠 안에서 무작위로 돌아가면서 읽는다.

4 모둠 토론
한 명씩 발표를 마칠 때마다 서로 칭찬해주고, 좋은 아이디어를 서로 나눈다.

성경공부
적용 실제

마음열기

제목 사랑이란?

사랑이란 _____ 이다.

1 **생각하기**
  교사는 사랑에 대해 정의할 수 있도록 만들어진 모둠문장의 빈칸에 들어갈 단어를 학생들이 생각하도록 시간을 준다.

2 **혼자 써보기**
  모둠문장의 빈칸에 들어갈 단어를 학생들 각자가 써본다.

3 **모둠문장을 돌아가면서 읽기**
  모둠 안에서 사랑의 정의에 대해 기록한 모둠문장을 무작위로 돌아가면서 읽는다.

4 **모둠 토론**
  한 명씩 발표를 마칠 때마다 발표한 이야기를 중심으로 서로의 생각을 나눈다.

제목 예수님의 십자가는?

본문 **마태복음 27:11-56**
중심 메시지 **예수님의 십자가를 기억하라**

성경공부
적용 실제

말씀이해와 암기

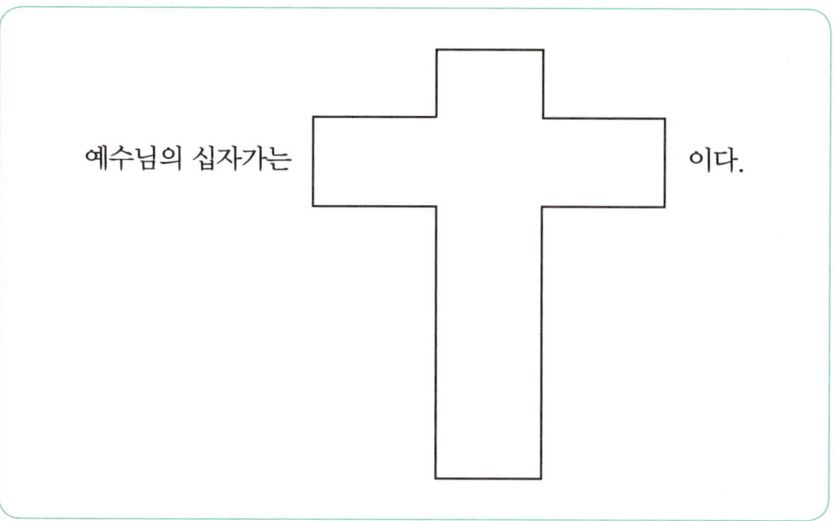

1 **생각하기**
교사는 예수님의 십자가의 의미를 생각해볼 수 있도록 모둠문장 카드를 학생들에게 나누어주고, 빈칸에 들어갈 단어를 생각할 시간을 준다.

2 **혼자 써보기**
모둠문장의 빈칸에 들어갈 단어를 학생들 각자가 써본다.

3 **모둠문장을 돌아가면서 읽기**
학생들 각자가 작성한 십자가의 정의를 모둠 안에서 무작위로 돌아가면서 읽는다.

4 **모둠 토론**
발표를 마칠 때마다 서로 칭찬해주고, 예수님의 십자가에 대해 이야기를 나눈다.

성경공부
적용 실제

적용과 결단

제목 예수님은 나에게 어떤 분이신가?

본문 요한복음 18:1-11

중심 메시지 예수님은 메시아입니다

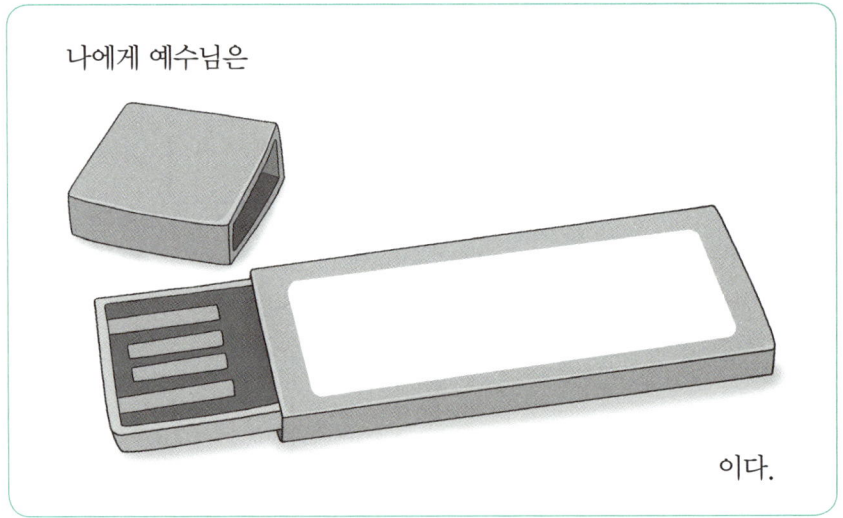

나에게 예수님은

이다.

1 생각하기
교사는 예수님이 어떤 분이신지 생각해볼 수 있도록 유에스비(USB) 이미지로 만들어진 모둠문장을 학생들에게 나누어주고, 빈칸에 들어갈 단어를 생각할 시간을 준다.

2 혼자 써보기
모둠문장의 빈칸에 들어갈 단어를 학생들 각자가 써본다.

3 모둠문장을 돌아가면서 읽기
학생들 각자가 생각한 예수님에 대해 모둠 안에서 무작위로 돌아가면서 읽는다.

4 모둠 토론
한 명씩 발표를 마칠 때마다 서로 칭찬해주고, 예수님에 대한 이야기를 나눈다.

제목 약함을 자랑하라

본문 고린도후서 11:16-31
중심 메시지 너의 약함을 자랑하라!

성경공부 적용 실제

적용과 결단

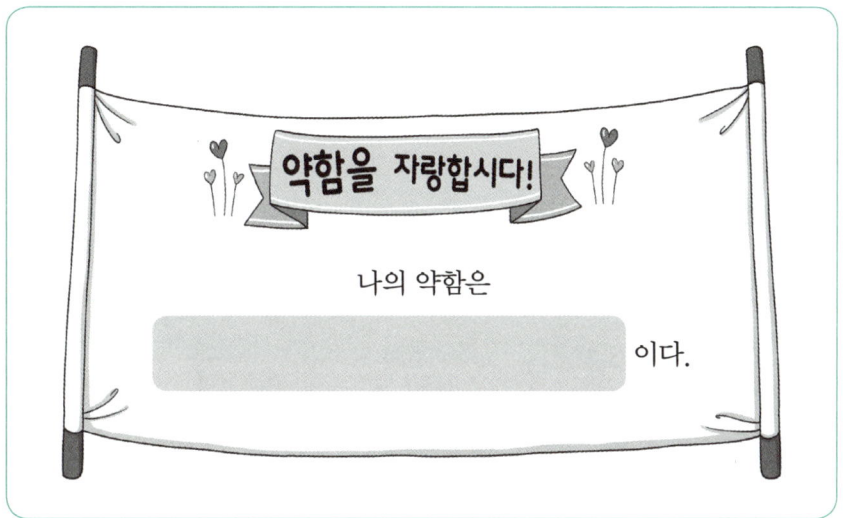

1 생각하기
교사는 자신의 약함이 무엇인지 생각해볼 수 있는 현수막 이미지의 모둠문장을 학생들에게 나누어주고, 현수막에 들어갈 단어를 생각하도록 시간을 준다. "우리가 그리스도의 일꾼으로 많은 위험과 고통을 받을지라도 하나님은 우리를 알아주시기에 오히려 약함을 자랑할 수 있어야 합니다."

2 혼자 써보기
모둠문장의 빈칸에 들어갈 단어를 학생들 각자가 써본다.

3 모둠문장을 돌아가면서 읽기
모둠 안에서 학생들 각자가 작성한 약한 부분들을 무작위로 돌아가면서 읽는다.

4 모둠 토론
한 명씩 발표를 마칠 때마다 오히려 약함을 자랑하도록 서로 격려하고 응원한다.

성경공부
적용 실제

적용과 결단

제목 채워주시는 하나님

본문 열왕기상 17:1-7

중심 메시지 늘 공급해주시는 하나님을 신뢰하라

을(를) 채워주세요.

1 **생각하기**
   교사는 지금 내 삶의 필요를 생각해볼 수 있도록 차량 주유기 이미지 모둠문장을 학생들에게 나누어주고 빈칸에 들어갈 단어를 생각하도록 시간을 준다.

2 **혼자 써보기**
   모둠문장의 빈칸에 들어갈 단어를 학생들 각자가 써본다.

3 **모둠문장을 돌아가면서 읽기**
   학생들 각자가 기록한 내 삶의 필요들을 모둠 안에서 무작위로 돌아가면서 읽는다.

4 **모둠 토론**
   한 명씩 발표를 마칠 때마다 서로 호응해주고 격려한다.

2) 플래시 카드

플래시 카드는 어떤 사실에 대한 기억을 증진시키기 위해 만들어졌다. 이미 유아·유치 교재에서는 오래 전부터 사용되었지만, 원래 의도했던 협동 학습의 원리가 적용되지 못하고 카드 설명을 통한 단순 암기 방법으로만 사용되고 있는 경우가 많았다. 따라서 이 책에서 기술한 플래시 카드의 진행 단계를 정확히 숙지하고 사용하면 더 큰 학습 효과를 볼 수 있다.

소그룹 성경공부 시간에는 요절 및 본문 내용의 암기 그리고 적용까지 다양한 내용을 다룰 수 있다. 단 학생들의 활동이 강조되는 학습방법이기에 시간이 좀 더 필요하다는 제약이 있다.

플래시 카드는 여러 가지 형태로 변형하여 진행할 수 있다. 기본적인 진행 단계 내에서 다양한 아이디어를 적용하여 활용할 수 있다.

진행 단계

1 **주제 제시**
교사는 학생들에게 플래시 카드를 나누어주고 주제를 제시한다.

2 **최대한의 힌트(100%)**
둘씩 짝을 지은 후, 한 사람은 가르치는 사람이 되고 다른 사람은 배우는 사람이 된다. 가르치는 사람은 배우는 사람에게 카드의 앞면과 뒷면 전부를 보여주고 설명한다.

3 **몇 가지 힌트(50%)**
가르치는 사람은 배우는 사람에게 카드의 한쪽 면만 보여주면서, 배우는 사람이 나머지 부분을 맞추도록 한다.

4 **힌트 없음**
가르치는 사람이 카드를 보여주지 않고, 배우는 사람이 카드의 내용 전체를 맞추도록 한다.

5 **역할 바꾸기**
짝을 바꾸어서 위의 단계를 똑같이 진행한다.

성경공부 적용 실제

마음열기

제목 **나를 소개합니다**

앞면	뒷면
이름	권진하
가족	아내, 딸 둘
여행	이탈리아
취미	영화감상
가수	수지
과목	역사
기념일	11월 6일 (생일)
음식	갈비

1 **주제 제시**
교사는 학생들에게 앞면에 질문이 제시된 플래시 카드를 나누어주고, 뒷면에 질문에 대한 답을 기록하게 한다.

2 **최대한의 힌트(100%)**
둘씩 짝을 지은 후, 한 사람은 가르치는 사람이 되고 다른 사람은 배우는 사람이 된다. 가르치는 사람은 배우는 사람에게 카드의 앞면과 뒷면 전부를 보여주고 설명한다.

3 **몇 가지 힌트(50%)**
가르치는 사람은 배우는 사람에게 카드 한 면만 보여주고, 배우는 사람이 다른 면을 맞추도록 한다.

4 **힌트 없음**
가르치는 사람이 카드를 보여주지 않고, 배우는 사람이 카드의 내용 전체를 맞추도록 한다.

5 **역할 바꾸기**
한 학생이 마치면, 이번에는 짝을 바꾸어서 똑같이 진행한다.

제목 **열 재앙**

본문 출애굽기 11:1-10 (참고. 출 7:14-10:29)
중심 메시지 하나님만 섬기라

성경공부
적용 실제

말씀이해와 암기

〈카드 앞면〉

〈카드 뒷면〉

성경공부
적용 실제

말씀이해와 암기

제목 열 재앙

본문 출애굽기 11:1-10 (참고. 출 7:14-10:29)

중심 메시지 하나님만 섬기라

1 **주제 제시**
교사는 학생들에게 앞면에는 열 재앙의 이미지, 뒷면에는 열 재앙의 내용이 적힌 플래시 카드를 나누어준다.

2 **최대한의 힌트**(100%)
둘씩 짝을 지은 후, 한 사람은 가르치는 사람이 되고 다른 사람은 배우는 사람이 된다. 가르치는 사람은 배우는 사람에게 카드의 앞면과 뒷면 전부를 보여주고 설명한다.

3 **몇 가지 힌트**(50%)
가르치는 사람은 배우는 사람에게 카드의 앞면(그림 부분)만 보여주면서, 배우는 사람이 어떤 재앙인지를 맞추도록 한다.

4 **힌트 없음**
가르치는 사람이 카드를 보여주지 않고, 배우는 사람이 열 재앙의 전체 내용을 맞추도록 한다.

5 **역할 바꾸기**
한 학생이 마치면, 이번에는 짝을 바꾸어서 똑같이 진행한다.

제목 가나의 혼인잔치

본문 요한복음 2:1-12
중심 메시지 필요를 채우시는 하나님을 믿으라

성경공부 적용 실제
말씀이해와 암기

⟨카드 앞면⟩

가나의 혼인잔치에 예수님이 초대되어 가심	예수님의 어머니가 잔칫집에 포도주가 모자란다는 말을 들음
어머니를 통해 포도주가 모자라는 것을 아신 예수님이 하인들에게 항아리에 물을 채우게 하심	하인들이 새 포도주를 연회장에 내어놓자 손님들이 그 맛을 보고 놀람

⟨카드 뒷면⟩

성경공부
적용 실제

말씀이해와 암기

제목 가나의 혼인잔치

본문 요한복음 2:1-12
중심 메시지 필요를 채우시는 하나님을 믿으라

1 주제 제시
교사는 학생들에게 '가나의 혼인잔치'에 등장하는 장면에 대한 플래시 카드를 나누어준다.

2 최대한의 힌트(100%)
둘씩 짝을 지은 후, 한 사람은 가르치는 사람이 되고 다른 사람은 배우는 사람이 된다. 가르치는 사람은 배우는 사람에게 카드의 앞면과 뒷면 전부를 보여주고 설명한다.

3 몇 가지 힌트(50%)
가르치는 사람은 배우는 사람에게 카드의 앞면(그림 부분)만 보여주고, 배우는 사람은 그 내용이 무엇인지 맞추도록 한다.

4 힌트 없음
가르치는 사람이 카드를 보여주지 않고, 배우는 사람이 가나 혼인잔치의 기적 사건을 이야기하도록 한다.

5 역할 바꾸기
한 학생이 마치면, 이번에는 짝을 바꾸어서 똑같이 진행한다.

제목 하나님을 믿어요

본문 마가복음 14:32-42
중심 메시지 하나님을 신뢰함으로 고난 앞에 담대하라

성경공부 적용 실제
적용과 결단

1. **주제 제시**
   교사는 학생들에게 어려운 상황들을 만났을 때 힘이 되는 성경말씀이 기록된 플래시 카드를 나누어준다.

2. **최대한의 힌트**(100%)
   둘씩 짝을 지어, 각각 가르치는 사람과 배우는 사람이 된다. 가르치는 사람은 플래시 카드의 상황 그림을 보여주면서, 이러한 경우에 기억해야 할 하나님의 말씀을 이야기한다.

3. **몇 가지 힌트**(50%)
   가르치는 사람은 배우는 사람에게 플래시 카드의 어려운 상황에 대한 이미지만 보여주면서, 배우는 사람이 암송해야 할 말씀을 맞추도록 한다.

4. **힌트 없음**
   카드를 보지 않고, 배우는 사람이 어려운 상황들과 그때 기억해야 할 말씀을 이야기한다.

5. **역할 바꾸기**
   한 학생이 마치면, 이번에는 짝을 바꾸어서 똑같이 진행한다.

3) 문제 던지기

문제 던지기 구조는 소그룹에서 공부한 학습내용을 복습하고 암기하기 위해 사용한다. 학생들이 공과공부에 흥미를 잃어버리는 이유 중 하나는 재미가 없어서이다. 문제 던지기는 게임 형식으로 학습이 진행되기에 학습자들의 흥미를 유지할 수 있다. 이러한 형식의 활동은 성경에 대한 흥미를 새롭게 가지게 하는 효과도 누릴 수 있다.

한 가지 주의해야 할 점은 문제를 만드는 부분에서 학생들의 역할이나 분량을 정확히 배분하여 문제가 중복되지 않도록 하는 것이다. 그때 소그룹 모든 학생의 참여를 유도할 수 있고, 함께 재미있게 학습하는 효과를 얻을 수 있다.

진행 단계

1 각자 문제 만들기
학생들은 제시된 주제를 중심으로 문제를 만들어 종이에 기록한다.

2 공처럼 만들기
문제를 기록한 종이를 공처럼 둥글게 만든다.

3 문제 던지기
모둠의 한 학생이 자신의 문제를 다른 학생에게 던진다.

4 문제 읽고 답하기
문제를 받은 학생은 문제를 읽고 답을 말한다.

5 정답 확인하기
문제를 출제한 학생이 문제의 정답을 확인해준다.

6 문제 던지기
문제에 답한 학생이 모둠의 다른 학생에게 자신이 만든 문제를 던진다.

성경공부
적용 실제

마음열기

제목 나를 소개해요

좋아하는 음식	생일
받고 싶은 선물	가고 싶은 곳

1 **각자 문제 만들기**
학생들은 서로에 대해 궁금한 질문들을 만들어 종이에 기록한다.

2 **공처럼 만들기**
문제를 기록한 종이를 공처럼 둥글게 만든다.

3 **문제 던지기**
모둠의 한 학생이 자신의 문제를 다른 학생에게 던진다.

4 **문제 읽고 답하기**
문제를 받은 학생은 문제를 읽고 답을 말한다.

5 **정답 확인하기**
문제를 출제한 학생이 문제의 정답을 확인해준다.

6 **문제 던지기**
문제에 답한 학생이 모둠의 다른 학생에게 자신이 만든 문제를 던진다.

제목 모세와 여호수아

본문 **여호수아 1:1-9**
중심 메시지 **말씀을 지켜 행함으로 담대하라**

성경공부 적용 실제

말씀이해와 암기

모세가 죽은 후 누가 이스라엘의 지도자가 되었나요?	하나님이 여호수아에게 명령하신 내용은?

1 각자 문제 만들기
교사는 학생들에게 오늘 배울 말씀인 여호수아 1장 1-9절에서 성경문제를 만들어 종이에 기록하게 한다.

2 공처럼 만들기
문제를 기록한 종이를 공처럼 둥글게 만든다.

3 문제 던지기
모둠의 한 학생이 자신의 문제를 다른 학생에게 던진다.

4 문제 읽고 답하기
문제를 받은 학생은 문제를 읽고 답을 말한다.

5 정답 확인하기
문제를 출제한 학생이 문제의 정답을 확인해준다.

6 문제 던지기
문제에 답한 학생이 모둠의 다른 학생에게 자신이 만든 문제를 던진다.

4) 가치수직선

가치수직선은 학생들이 자신의 가치관을 분명히 확인하는 데 유용하게 사용할 수 있다. 자신의 생각을 말과 글로 설명하기 어려운 경우에는 다른 형식으로 자신의 생각을 표현할 수 있도록 도움을 주는 것이 필요하다. 이러한 면에서 가치수직선은 효과적인 대안이 될 수 있다.

설문지를 받아보면 질문에 3점(그렇다-보통이다-아니다) 혹은 5점(아주 그렇다-그렇다-보통이다-아니다-전혀 아니다) 척도로 대답을 하도록 제시하는 형태를 볼 수 있다. 응답자가 쉽게 자신의 생각을 표현할 수 있도록 이러한 답변 형식을 사용한 것이다.

설문지에서 점수로 자신의 생각을 표현한 것처럼, 가치수직선에서는 해당 질문에 대한 자신의 생각을 분량을 표시함으로써 나타낸다. 주제에 대해 자신이 이해한 내용을 정리하고 표현하는 과정을 가치수직선으로 나타내거나, 적용단계에서 자신의 현재 상태를 살피고, 이를 통해서 자신의 모습을 발견하도록 돕는다.

진행 단계

1 **가치수직선 만들기**
교사는 주제에 따른 가치수직선을 만들어 학생들에게 제시한다.

2 **가치수직선에 표시하기**
학생들은 가치수직선 위에 자신이 이해한 내용이나 현재 자신의 모습을 표시한다.

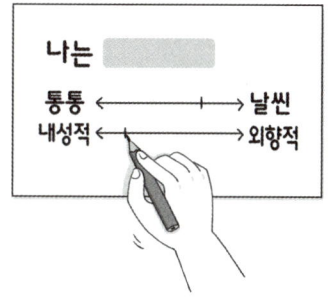

3 **돌아가면서 발표하기**
모둠 안에서 학생들이 무작위로 돌아가면서 그렇게 생각하는 이유를 이야기한다.

성경공부
적용 실제

마음열기

제목 나는…

나는 [   ]

(자신을 잘 나타내는 정도를 색칠로 표시해보세요)

비만			마름
오래 생각하고 행동			먼저 행동하고 생각
종달새형			올빼미형
잘 듣는 사람			잘 말하는 사람

1 **가치수직선 만들기**
교사는 학생들이 자신을 표현할 수 있는 가치수직선을 만들어 나누어준다.

2 **가치수직선에 표시하기**
학생들은 가치수직선 위에 현재 자신의 모습을 표시한다.

3 **돌아가면서 발표하기**
모둠 안에서 학생들이 무작위로 돌아가면서 그렇게 생각하는 이유를 이야기한다.

제목 사울은 어떤 사람인가?

본문 사무엘상 9:1-27
중심 메시지 겸손함으로 자신을 낮추라

성경공부
적용 실제

말씀이해와 암기

사울이 어떤 사람인지 알아보세요.

항목	왼쪽	오른쪽
지파의 크기	작다	크다
얼굴	못생겼다	잘생겼다
키	작다	크다
겸손함	교만함	겸손함
책임감	약하다	강하다

---

1 가치수직선 만들기
교사는 오늘 배울 말씀에 관한 가치수직선을 만들어 학생들에게 나누어준다.

2 가치수직선에 표시하기
학생들은 가치수직선 위에 본문 말씀을 읽고 이해한 대로 표시한다.

3 돌아가면서 발표하기
모둠 안에서 학생들이 무작위로 돌아가면서 그렇게 생각하는 이유를 이야기한다.

성경공부
적용 실제

적용과 결단

제목 신앙인의 생활점검

본문 누가복음 11:45-54

중심 메시지 사랑의 복음을 마음에 품으라

평일 신앙인의 생활점검표

항목, 평가	점수				
말씀 실천	아주 나쁨 1	나쁨 2	보통 3	좋음 4	아주 좋음 5
중보기도	아주 나쁨 1	나쁨 2	보통 3	좋음 4	아주 좋음 5
복음 전도	아주 나쁨 1	나쁨 2	보통 3	좋음 4	아주 좋음 5
봉사와 섬김	아주 나쁨 1	나쁨 2	보통 3	좋음 4	아주 좋음 5

1 가치수직선 만들기

교사는 오늘 배울 말씀에 관한 적용을 위해 가치수직선을 만들어 학생들에게 나누어준다.

2 가치수직선에 표시하기

학생들은 5점 척도로 작성된 가치수직선 위에 현재 자신의 모습을 표시한다.

3 돌아가면서 발표하기

모둠 안에서 학생들이 무작위로 돌아가면서 그렇게 생각하는 이유를 이야기한다.

제목 사랑의 점수는?

본문 고린도전서 13:1-8
중심 메시지 사랑으로 행해요

성경공부
적용 실제

적용과 결단

내 생활 속에서 드러나는 사랑의 모습

- 오래 참는다.　　　　　　　＿＿＿＿＿＿
- 친절하다.　　　　　　　　＿＿＿＿＿＿
- 시기하지 않는다.　　　　　＿＿＿＿＿＿
- 자랑하지 않는다.　　　　　＿＿＿＿＿＿
- 교만하지 않다.　　　　　　＿＿＿＿＿＿　　각 항목 5점 만점
- 자기 유익을 구하지 않는다.　＿＿＿＿＿＿
- 쉽게 성을 내지 않는다.　　　＿＿＿＿＿＿　　결과보기
- 원한을 품지 않는다.　　　　＿＿＿＿＿＿　　40–50점　탁월합니다
- 불의를 기뻐하지 않는다.　　＿＿＿＿＿＿　　30–39점　좋습니다
- 진리와 함께 기뻐한다.　　　＿＿＿＿＿＿　　20–29점　보통입니다
- **총점:**　　　　　　　　　＿＿＿＿＿＿　　10–19점　노력하세요
　　　　　　　　　　　　　　　　　　　　　　0–9점　　위험합니다!

1 가치수직선 만들기

교사는 내 삶 속에 드러나는 사랑의 모습을 표시할 수 있도록 가치수직선을 만들어 학생들에게 나누어준다.

2 가치수직선에 표시하기

학생들은 각 항목별로 5점 만점을 기준으로 현재 자신의 모습을 표시한다.

3 돌아가면서 발표하기

모둠 안에서 학생들이 무작위로 돌아가면서 그렇게 생각하는 이유를 이야기한다.

성경공부
적용 실제

적용과 결단

제목 하나님 사랑, 이웃 사랑

본문 **열왕기상 9:1-9**

중심 메시지 **하나님과의 약속을 믿고 지키라**

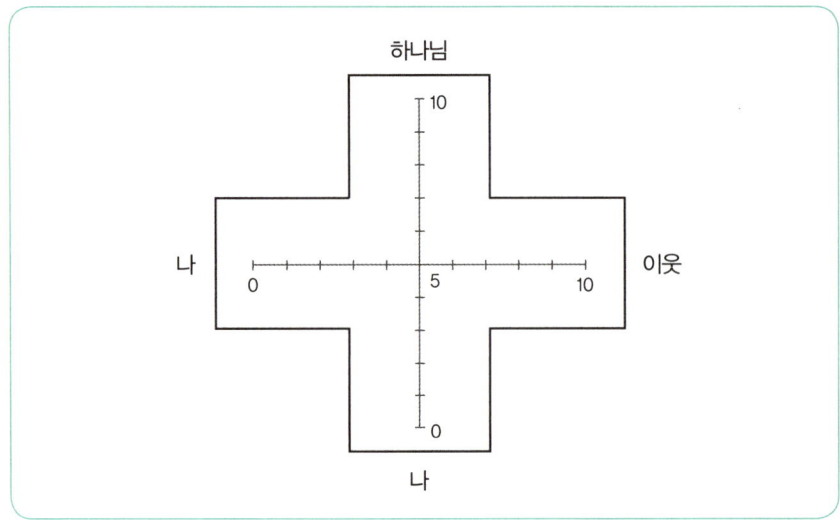

1 가치수직선 만들기

하나님의 말씀을 크게 두 가지로 요약하면, 하나님 사랑과 이웃 사랑이라고 할 수 있을 것이다. 교사는 학생들에게 이 두 가지의 기준에 비추어 자신의 모습을 살펴볼 수 있도록 십자가 모양의 가치수직선을 만들어 학생들에게 나누어준다.

2 가치수직선에 표시하기

학생들은 하나님 사랑과 이웃 사랑의 항목별로 자신의 모습을 10점을 최고점으로 표시한다.

3 돌아가면서 발표하기

모둠 안에서 학생들이 무작위로 돌아가면서 그렇게 생각하는 이유를 이야기한다.

제목 온유카페

본문 디모데후서 2:20-26

중심 메시지 온유하라

성경공부 적용 실제

적용과 결단

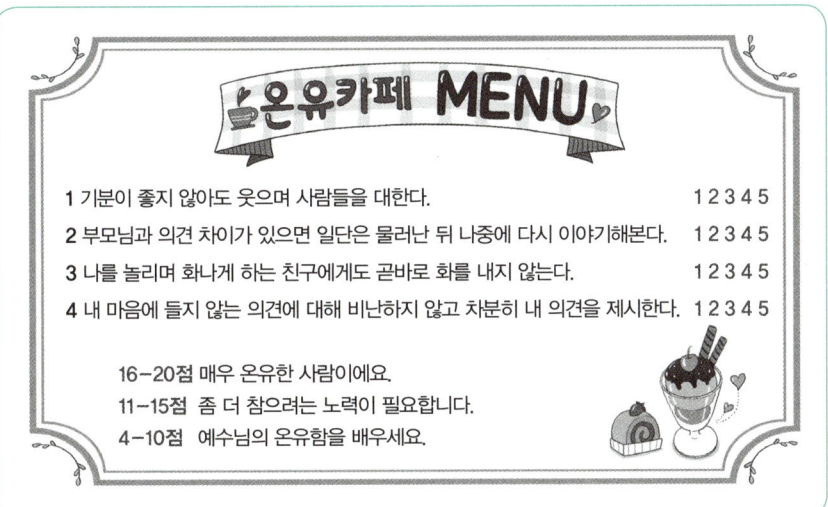

1 가치수직선 만들기
교사는 학생들이 자신의 온유한 모습을 평가할 수 있도록 5점 만점으로 표시된 가치수직선을 학생들에게 나누어준다.

2 가치수직선에 표시하기
학생들은 각 항목에서 5점 만점을 기준으로 현재 자신의 모습에 알맞은 점수를 표시하고 전체 점수를 합산한다.

3 돌아가면서 발표하기
모둠 안에서 학생들이 무작위로 돌아가면서 그렇게 생각하는 이유를 이야기한다.

5) 번호순으로

소그룹 안에는 적극적으로 발표에 참여하고 싶어 하는 학생들도 있다. 그럼에도 불구하고 이들이 참여하지 않는 것은 소그룹 안의 분위기와 함께 공부하는 학생들의 시선을 의식하는 것도 중요한 이유다.

기존의 소그룹 안에서 많은 경우에 교사는 학생 전체에게 질문을 하고, 그 중에 답을 아는 학생이 손을 들어 한 명씩 답하는 '일제문답구조'를 사용하였다. 이럴 경우 전체 학생들의 동등한 참여를 이끌어내기가 어렵다. 주변 학생들을 의식하기 때문이다. 예를 들어 '틀리면 친구들이 어떻게 생각할까?' '혹시 대답을 잘 하면 잘난척한다고 하지는 않을까?' 염려한다.

'번호순으로'는 이런 문제를 해결하기 위한 효과적인 방법이다. 학생들에게 미리 번호를 정해주고, 무작위로 번호를 선정하여 발표하도록 하는 것이다. 무작위로 번호를 선정하는 방법은 돌림판 돌리기, 제비뽑기, 주사위 던지기 등을 활용할 수 있다. 이러한 방식은 발표자에게 발표 이후의 결과에 대해 부담을 느끼지 않도록 도와줄 것이다.

진행 단계

1 **번호 정하기**
학생들에게 미리 각기 다른 번호를 정해준다.

2 **질문하기**
학생들 전체에게 질문하고, 답을 생각하도록 한다.

3 **발표하기**
교사는 무작위로 한 번호를 정해서 발표하도록 하고, 발표가 끝난 학생은 또 다른 번호를 불러서 발표하도록 한다.

성경공부
적용 실제

마음열기

제목 **약속**

이 약속, 꼭 지키고 싶다!

1 **번호 정하기**
  교사는 학생들에게 각기 다른 번호를 정해준다.

2 **질문하기**
  교사는 학생들에게 "친구 또는 가족에게 아직까지 지키지 못한 약속 중 꼭 지키고 싶은 것이 있다면 무엇인가요?"를 질문하고, 답을 생각하며 카드에 적어보게 한다.

3 **발표하기**
  교사는 무작위로 한 번호를 정해서 발표하도록 하고, 발표가 끝난 학생은 또 다른 번호를 불러서 발표하도록 한다.

제목 믿음의 용사

본문 사사기 7:1-8
중심 메시지 믿음의 용사로 살아가라

성경공부
적용 실제

말씀이해와 암기

질문

1 여호와께서 기드온에게 "너를 좇은 백성이 너무 많아 내가 그들의 손에 미디안 사람을 붙이지 않겠다"라고 하신 이유는 무엇인가요? _____

2 "누구든지 두려워서 떠는 자여든 길르앗 산에서 떠나 돌아가라" 했을 때 돌아간 사람의 숫자와 남은 사람의 숫자는 각각 얼마인가요? _____

3 돌아가지 않고 남은 자 1만 명 중에서 다시 선택하기 위해 어디로 데리고 가라고 명하셨나요? _____

4 300명은 물가에서 물을 어떻게 먹었나요? _____

5 300명 외에 나머지 사람들은 물을 어떻게 먹었나요? _____

1 번호 정하기
교사는 학생들에게 각기 다른 번호를 정해준다.

2 질문하기
교사는 학생들에게 카드에 주어진 5개의 질문에 답을 찾도록 한다.

3 발표하기
교사는 무작위로 한 번호를 정해서 질문 1번의 답을 발표하도록 하고, 발표가 끝나면 발표한 학생이 또 다른 번호를 불러서 차례로 다음 문제에 대한 답을 발표하도록 한다.

성경공부
적용 실제

적용과 결단

제목 읽기 & 듣기

본문 호세아 6:1-7

중심 메시지 하나님을 알아가라

1 하나님을 알기 위해서는 무엇을 읽어야 할까요?
_____
_____
_____

2 형식이 아니라 진실한 마음을 원하시는 하나님을 알기 위해 우리는 한 주 동안 무엇을 들어야 할까요?
_____
_____
_____

하나님의 말씀을 읽어요!

하나님의 말씀에 귀를 기울여요!

1 번호 정하기
교사는 학생들에게 각기 다른 번호를 정해준다.

2 질문하기
교사는 학생들에게 "하나님을 알기 위해서는 무엇을 읽고 들어야 할까요?"를 질문하고, 답을 생각하도록 한다.

3 발표하기
교사는 무작위로 한 번호를 정해서 질문에 대한 대답을 발표하도록 하고, 발표가 끝난 학생은 또 다른 번호를 불러서 발표하도록 한다.

6) 거미집

　학습자의 사고를 돕는 데에는 여러 가지 요인이 함께 사용될 수 있다. 그리고 그 중에서 가장 중요한 것은 좋은 질문을 사용하는 것이다. 좋은 질문은 좋은 대답을 이끄는 첫 번째 요인이다. 그 다음으로 고려해야 할 부분은 학습자들이 자신의 생각을 잘 표현하도록 돕는 것이다.

　생각을 잘 표현하도록 돕기 위해서 가장 효과적으로 사용할 수 있는 것이 바로 생각의 틀이다. 생각의 틀이란 자신이 가진 생각을 잘 정리하도록 이미지를 제시하는 것이다.

　거미집 구조는 생각의 틀 중의 하나로서, 한 단어에 대한 여러 가지 생각을 이끌어내고 더 나아가 그 단어의 상황·환경·문화·사람들에 대해 자신이 알고 있는 모든 정보를 적어봄으로써 이해의 폭을 넓히는 데 도움을 준다.

진행 단계

1 **주제 제기**
교사는 학생들이 거미집 그림을 그리고 원 가운데 주제글을 쓰도록 한다.

2 **생각하고 기록하기**
학생들은 단어 또는 주제와 관련되는 모든 내용을 거미집 그림에 기록한다.

3 **발표하기**
기록이 끝나면 학생들이 돌아가며 발표한다.

성경공부
적용 실제

마음열기

제목 **나빴어!**

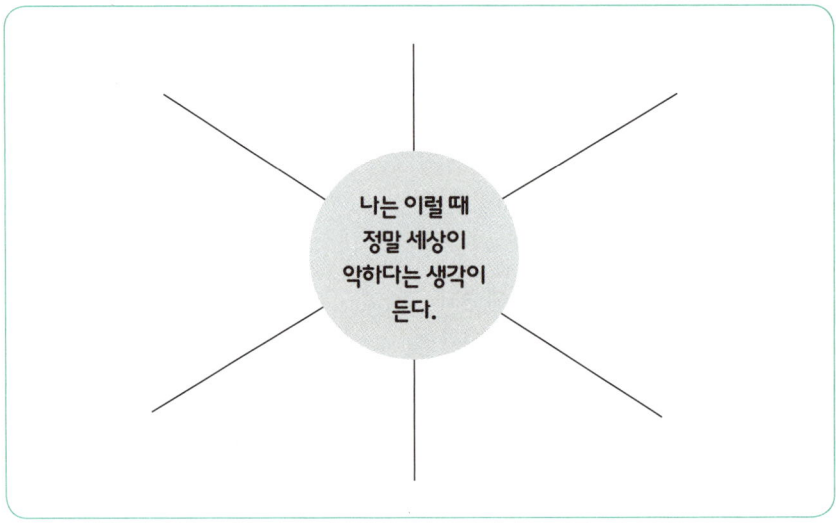

1 **주제 제기**
교사는 학생들에게 "어떤 때에 정말 세상이 악하다는 생각이 드나요?"라는 질문을 한다.

2 **생각하고 기록하기**
학생들은 질문과 관련되는 모든 내용을 거미집 그림에 기록한다.

3 **발표하기**
기록이 끝나면 학생들이 돌아가며 발표한다.

제목 내가 속한 모임들

성경공부
적용 실제

마음열기

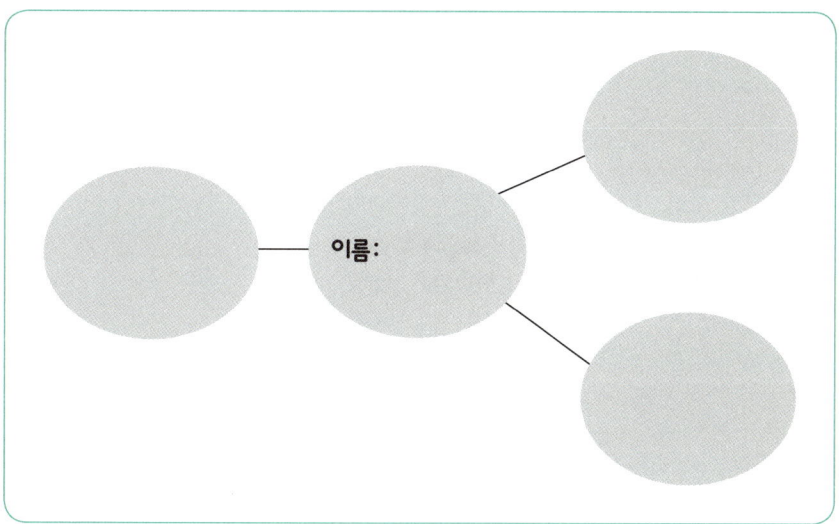

1 주제 제기
교사는 학생들에게 '현재 속해 있는 그룹과 맡고 있는 책임'에 대해 질문한다.
"여러분이 속해 있는 많은 그룹이 있습니다. 그 그룹에서 여러분은 어떤 위치에 있고, 어떻게 불리는지 거미집을 이용해서 적어보세요."

2 생각하고 기록하기
학생들은 질문과 관련되는 모든 내용을 거미집 그림에 기록한다.

3 발표하기
기록이 끝나면 학생들이 돌아가며 발표한다.

성경공부
적용 실제
말씀이해와 암기

제목 용서의 복

본문 창세기 50:1-21

중심 메시지 용서하라

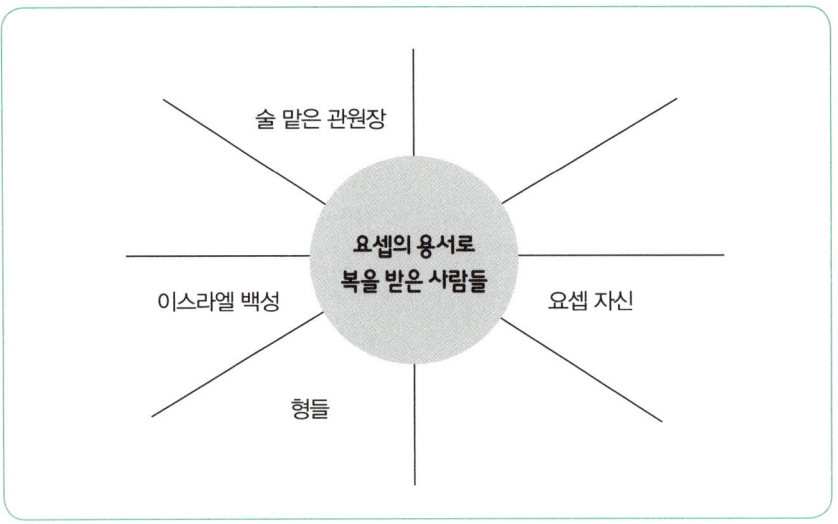

1 **주제 제기**
   교사는 학생들에게 "요셉의 용서로 인해 복을 받은 사람들은 누구인가요?"라는 질문을 한다.

2 **생각하고 기록하기**
   학생들은 질문과 관련된 모든 내용을 거미집 그림에 기록한다.

3 **발표하기**
   기록이 끝나면 학생들이 돌아가며 발표한다.

제목 용서가 필요해요

본문 누가복음 1:67-80
중심 메시지 거룩하고 의롭게 살아가라

성경공부 적용 실제

적용과 결단

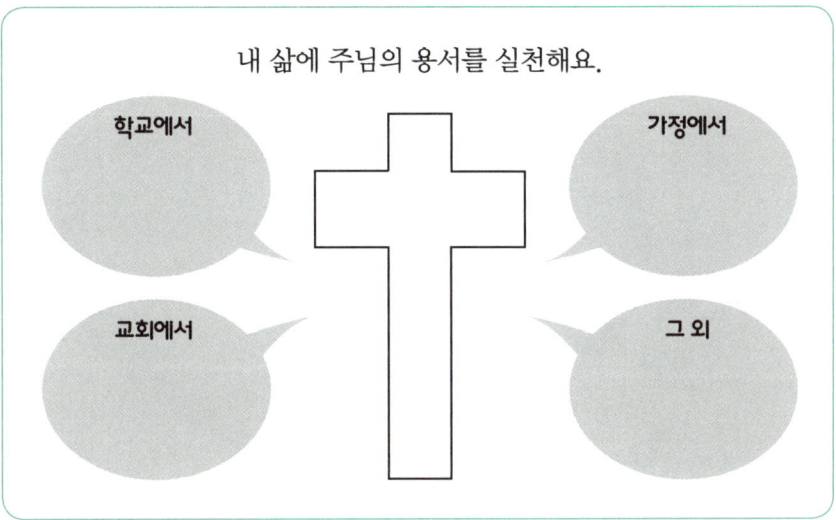

1 **주제 제기**
  교사는 학생들에게 "내 삶에서 용서를 실천해야 대상은 누구인가요?"라는 질문을 한다.

2 **생각하고 기록하기**
  학생들은 질문과 관련된 모든 내용을 카드에 기록한다.

3 **발표하기**
  기록이 끝나면 학생들이 돌아가며 발표한다.

성경공부
적용 실제

적용과 결단

제목 나를 보호할 방패

본문 누가복음 22:24-38

중심 메시지 섬김의 자세로 신실하게 믿음을 지키라

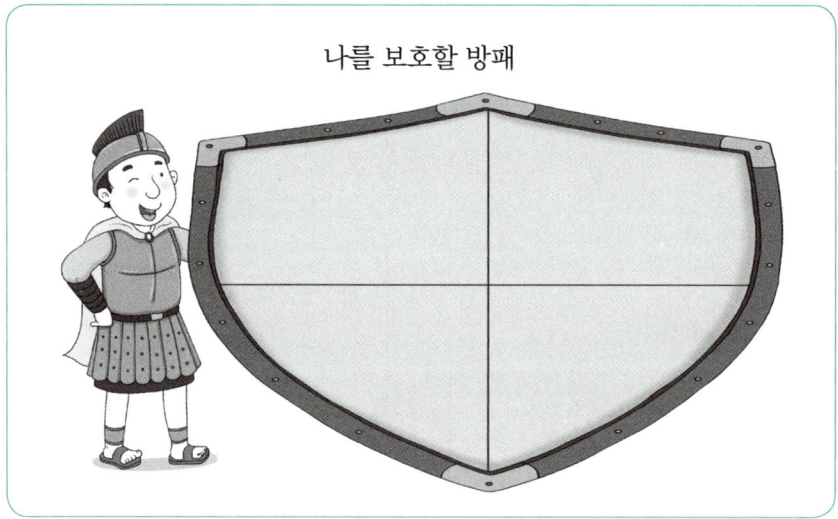

나를 보호할 방패

1 **주제 제기**

교사는 학생들에게 "사탄의 공격에서 나를 보호할 방패로 사용할 수 있는 것이 무엇이 있을까요?"라는 질문을 한다. "섬김의 자세로 날마다 주님과의 관계를 더욱 견고히 하고 신실하게 믿음을 지켜 나가려면, 사탄의 공격에서 나를 보호할 방패가 필요해요."

2 **생각하고 기록하기**

학생들은 질문과 관련되는 모든 내용을 그림 카드에 기록한다.

3 **발표하기**

기록이 끝나면 학생들이 돌아가며 발표한다.

제목 경건에 힘써요

본문 디모데전서 6:3-10
중심 메시지 자족함으로 경건에 힘쓰라

성경공부 적용 실제
적용과 결단

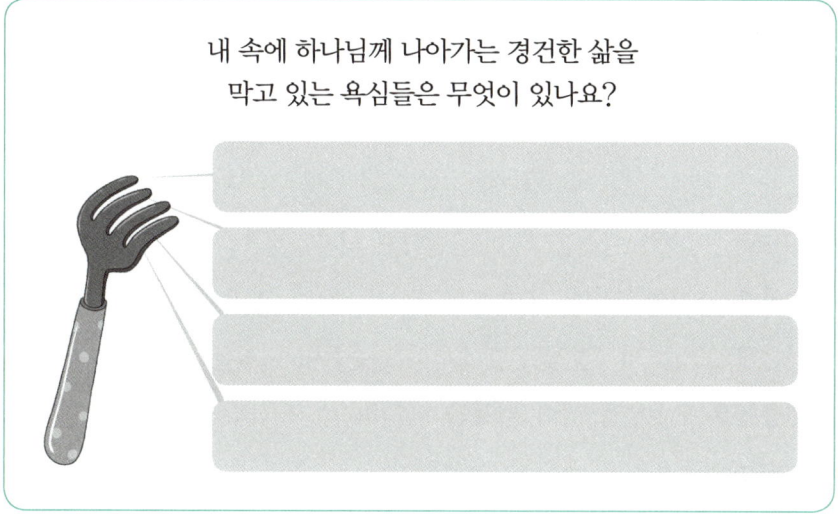

내 속에 하나님께 나아가는 경건한 삶을
막고 있는 욕심들은 무엇이 있나요?

1 주제 제기
교사는 학생들에게 "내 속에 하나님께 나아가는 경건한 삶을 막고 있는 욕심들은 무엇이 있나요?"라는 질문을 한다.

2 생각하고 기록하기
학생들은 질문과 관련되는 모든 내용을 그림 카드에 기록한다.

3 발표하기
기록이 끝나면 학생들이 돌아가며 발표한다.

7) 동전 내놓기

이 구조는 어떠한 안건을 두고 신속하게 의사결정을 내려야 할 상황에서 유용하다. 소그룹 모임을 운영하고 참여하다보면 여러 가지 이유로 갈등이 생기는데, 그 중 의사결정 문제에서 의견충돌이 생기는 경우가 빈번하다. 의견충돌은 구성원들 간에 갈등을 야기하고, 궁극적으로는 모임 자체가 해체되는 어려움을 겪게 할 수도 있다.

이러한 갈등 상황이 발생하기 전에 미리 예방하는 것이 중요하다. 또한 공정한 의사결정은 소그룹 모임을 원활하게 운영하는 데 특별히 중요한 원리이다. 또한 동전 내놓기는 모두가 동등하게 참여하여 결정하는 구조이기에 분명한 승자와 패자를 만들지 않는다는 장점이 있다.

진행 단계

1 **의견 제시**
브레인스토밍을 통해 의견을 나눈다.

2 **동전 준비**
동일한 개수의 동전을 준비한다. (50원, 100원, 500원)

3 **동전 내놓기**
한 개 이상의 항목에 동전을 내놓는다. (각 항목에 동전을 한 개만 올릴 수 있다.)

4 **결정하기**
동전의 합에 따라 의견을 결정한다.

성경공부
적용 실제

마음열기

제목 모둠이름 정하기

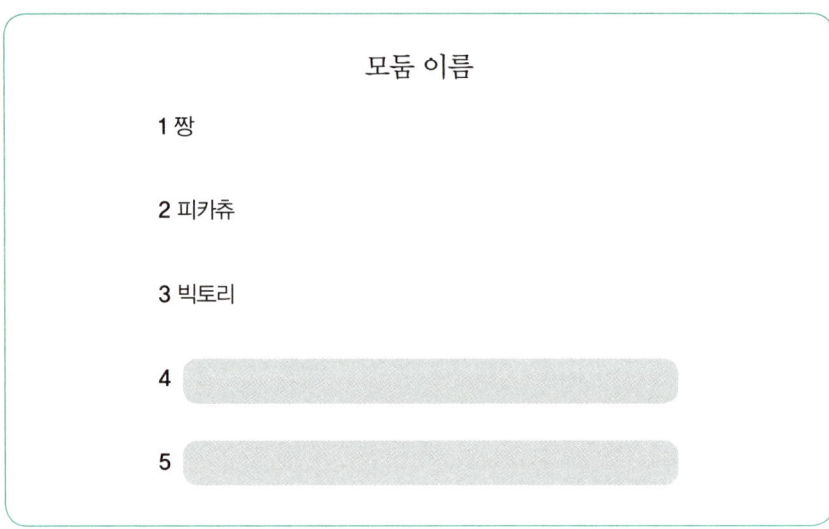

1 **의견 제시**
교사는 학생들에게 "우리 모둠 이름으로 무엇이 좋을까요?"라고 질문한다. 학생들은 브레인스토밍을 통해 자유롭게 의견을 말하고, 나온 의견을 종이에 기록한다.

2 **동전 준비**
교사는 학생들에게 동전(50원, 100원, 500원)을 동일한 개수로 나누어준다.

3 **동전 내놓기**
학생들은 제시된 이름들 중에서 마음에 드는 항목에 동전을 내놓는다. (각 항목에 동전을 한 개만 올릴 수 있다.)

4 **결정하기**
가장 많은 동전이 놓인 항목을 모둠 이름으로 결정한다.

제목 모둠 규칙과 벌칙

성경공부
적용 실제

마음열기

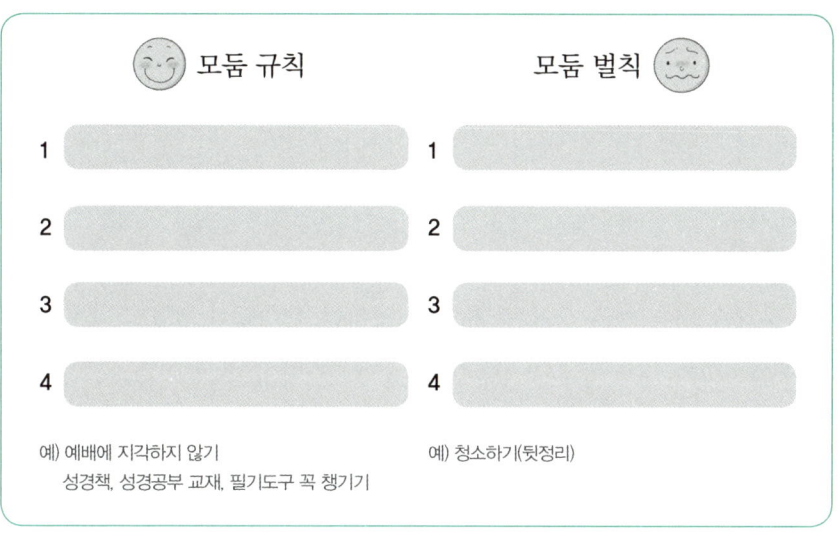

예) 예배에 지각하지 않기
　　성경책, 성경공부 교재, 필기도구 꼭 챙기기

예) 청소하기(뒷정리)

1 **의견 제시**
교사는 학생들에게 '우리 모둠의 규칙' 그리고 '규칙을 지키지 못했을 경우의 벌칙'을 질문한다. 학생들은 브레인스토밍을 통해 자유롭게 의견을 말하고, 나온 의견을 교재에 기록한다.

2 **동전 준비**
교사는 학생들에게 동전(50원, 100원, 500원)을 동일한 개수로 나누어준다.

3 **동전 내놓기**
학생들은 제시된 규칙과 벌칙 중에서 마음에 드는 한 개 이상의 항목에 동전을 내놓도록 한다. (각 항목에 동전을 한 개만 올릴 수 있다.)

4 **결정하기**
가장 많은 동전이 놓인 것을 모둠의 규칙과 벌칙으로 결정한다.

III.
협동학습 구조와
성경공부 실제

8) 발표 카드

소그룹 모임을 진행하다보면 발표하는 학생들만 거듭 발표하고 그 외 학생들은 침묵하는 경우를 보게 된다. 침묵하는 학생들이 발표할 내용이 없어서 참여하지 않는 경우도 있지만, 하고 싶은 말이 있어도 쑥스럽거나 성격이 소극적이어서 참여하지 않는 경우도 있다. 발표 카드는 모든 학생이 동등하게 발표에 참여하도록 돕는 구조이다.

이는 소극적인 학생들에게 자신감을 부여한다. 결론적으로 발표 카드 구조는 모두가 말하게 만들 뿐 아니라 누구도 이야기를 독점하지 않도록 조정해주는 장점이 있다.

진행 단계

1 **카드 나누어주기**
학생들에게 같은 개수의 발표 카드를 나누어준다.

2 **질문하기**
교사는 학생들에게 질문을 제시한다.

3 **카드 사용하기**
학생들은 질문에 대한 답변을 할 때 발표 카드를 내면서 발표한다.

4 **기다리기**
학생들은 무작위로 자신의 카드를 내면서 발표하고, 발표가 끝난 후에는 다른 학생들이 카드를 사용할 때까지 말하지 않고 기다린다.

성경공부
적용 실제

마음열기

제목 새 것으로 바꾸고 싶은 것

내가 가진 오래된 물건 중에 새 것으로 바꾸고 싶은 것

1 카드 나누어주기
학생들에게 같은 개수의 발표 카드를 나누어준다.

2 질문하기
교사는 학생들에게 "내가 가진 오래된 물건 중에 새 것으로 바꾸고 싶은 것은 무엇인가요?"라는 질문을 제시한다.

3 카드 사용하기
학생들은 질문에 대한 답변을 말할 때 발표 카드를 내면서 발표한다.

4 기다리기
학생들은 무작위로 자신의 카드를 내면서 발표하고, 발표가 끝난 후에는 다른 학생들이 카드를 사용할 때까지 말하지 않고 기다린다.

제목 이럴 때 기쁘다

성경공부 적용 실제

마음열기

😊 이성친구가 이렇게 해줄 때 가장 기쁘다!

_____
_____
_____
_____
_____

1 **카드 나누어주기**
학생들에게 같은 개수의 발표 카드를 나누어준다.

2 **질문하기**
교사는 학생들에게 "이성친구가 무엇을 해줄 때 가장 기쁜가요?"라는 질문을 제시한다.

3 **카드 사용하기**
학생들은 질문에 대한 답변을 말할 때 발표 카드를 내면서 발표한다.

4 **기다리기**
학생들은 무작위로 자신의 카드를 내면서 발표하고, 발표가 끝난 후에는 다른 학생들이 카드를 사용할 때까지 말하지 않고 기다린다.

성경공부
적용 실제

적용과 결단

제목 중지, 새로 고침, 되돌리기

본문 예레미야 8:4-7

중심 메시지 하나님께로 돌아가자

하나님 떠나면 고생이다 돌아와서 '찜' 해!

중지

새로 고침

되돌리기

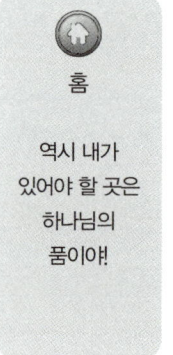
홈

역시 내가 있어야 할 곳은 하나님의 품이야!

---

1 카드 나누어주기
학생들에게 각각 세 개의 발표 카드를 나누어준다.

2 질문하기
교사는 학생들에게 "신앙인으로서 나의 행동 중에 멈추어야 할 것, 새로 고쳐야 할 것 그리고 돌이켜야 할 것은 무엇인가요?"라는 질문을 제시한다.

3 카드 사용하기
학생들이 세 가지 질문에 대한 답변을 말할 때에, 하나의 질문에 대한 대답을 말할 때마다 하나의 발표 카드를 내면서 발표한다.

4 기다리기
학생들은 무작위로 자신의 카드를 내면서 발표하고, 세 번의 발표가 끝난 후에는 다른 학생들이 카드를 다 사용할 때까지 말하지 않고 기다린다.

9) 다시 말하기 카드

다시 말하기 카드는 다른 사람의 말을 귀 기울여 듣는 능력을 키우는 구조이다. 발표 카드가 자연스럽게 발표하고 동등한 발표를 이끌어내는 것에는 효과가 있지만, 자신이 발표할 내용만 생각하다 보면 다른 학생들의 발표에 집중하지 못하는 단점이 있다.

이러한 문제점을 보완한 구조가 다시 말하기 카드이다. 소그룹 모임은 학생들의 발표를 이끌어내는 것도 중요하지만 이에 못지않게 다른 학생들의 이야기를 경청하고 함께 은혜를 나누는 것이 더욱 중요하다. 따라서 이 구조는 학생들이 자신의 의견을 말하기 전에 반드시 이전 학생의 발표 내용을 되풀이해서 말함으로 경청을 훈련하고 나아가 소그룹 안에서 깊은 나눔을 가능하게 한다.

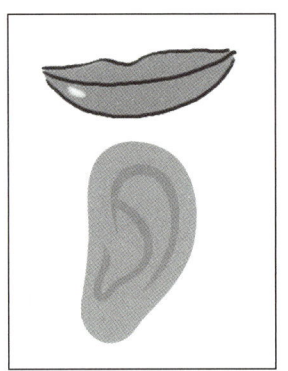

진행 단계

1 **카드 나누기**
학생들에게 같은 개수의 '다시 말하기 카드'를 나누어준다.

2 **질문하기**
교사는 학생들에게 발표할 질문을 제시한다.

3 **카드 사용하기**
학생들은 질문에 대한 답변을 말할 때 다시 말하기 카드를 내면서 앞사람이 발표한 내용을 정리해서 말하고 자신의 생각을 발표한다. (첫 번째로 발표하는 학생은 자신의 생각만 발표하면 된다.)

4 **기다리기**
학생들은 자신의 카드를 다 쓰고 난 후에는 다른 학생들이 카드를 다 사용할 때까지 말하지 않고 기다린다.

성경공부 적용 실제

마음열기

제목 무엇일까요?

여러 번 들어도 이해가 안 되는 과목

볼 수 없지만 있는 것

1 **카드 나누기**
교사는 학생들에게 같은 개수의 '다시 말하기 카드'를 나누어준다.

2 **질문하기**
교사는 학생들에게 "여러 번 들어도 이해가 안 되는 과목(예: 수학의 함수)은 무엇인가요?" "볼 수 없지만 있는 것(예: 공기)은 무엇인가요?"라는 질문을 제시한다.

3 **카드 사용하기**
학생들은 질문에 대한 답변을 말할 때 다시 말하기 카드를 내면서, 앞사람이 발표한 내용을 정리해서 먼저 말하고 자신의 생각을 발표한다. (첫 번째로 발표하는 학생은 자신의 생각만 발표하면 된다.)

4 **기다리기**
학생들은 자신의 카드를 다 쓰고 난 후에는 다른 학생들이 카드를 다 사용할 때까지 말하지 않고 기다린다.

제목 온도를 낮춰요

본문 사무엘상 17:41-58
중심 메시지 여호와의 이름으로 나아가라

성경공부 적용 실제
적용과 결단

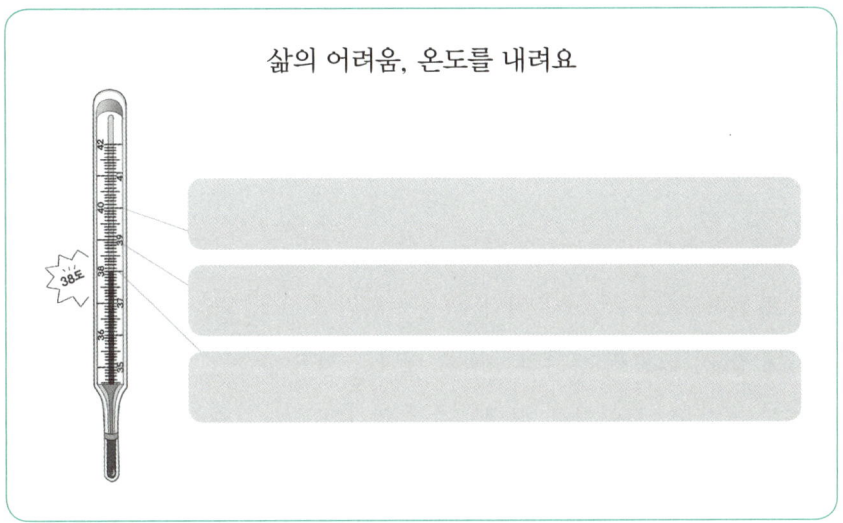

삶의 어려움, 온도를 내려요

1 카드 나누기
교사는 학생들에게 같은 개수의 '다시 말하기 카드'를 나누어준다.

2 질문하기
교사는 학생들에게 질문을 제시한다. "다윗이 골리앗이라는 위기 앞에서도 움츠러들지 않고 대항해서 이길 수 있었던 것은 그가 여호와의 이름을 의지하고 나아갔기 때문입니다. 오늘 여러분이 여호와의 이름을 의지하고 싸워가야 할 삶의 어려움들은 무엇인가요?"

3 카드 사용하기
학생들은 질문에 대한 답변을 말할 때 다시 말하기 카드를 내면서, 앞사람이 발표한 내용을 정리해서 먼저 말하고 자신의 생각을 발표한다. (첫 번째로 발표하는 학생은 자신의 생각만 발표하면 된다.)

4 기다리기
학생들은 자신의 카드를 다 쓰고 난 후에는 다른 학생들이 카드를 다 사용할 때까지 말하지 않고 기다린다.

10) 순위사다리

학생들이 스스로 느끼고 생각하는 우선순위, 중요도, 가치 혹은 크기 등을 쉽게 표현하도록 하는 구조이다. 우선순위와 중요도 등을 1위부터 아래로 순서를 정해봄으로써 자신의 생각을 명확히 정리할 수 있다.

　또한 소그룹 안의 다른 학생들의 순위사다리를 보면서 서로를 비교하는 장점도 있다. 순위사다리에서 위로 올라갈수록 중요도가 높아지는 것을 기록하게 한다. 이러한 생각의 틀을 활용함으로써 학생들이 서로의 생각이나 가치관을 이해하고 비교하는 데 효과적으로 사용할 수 있다.

진행 단계

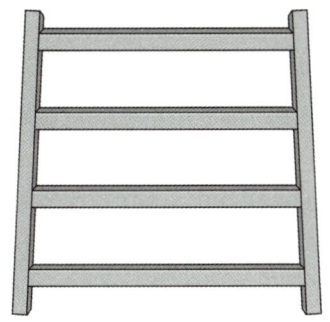

1 **순위사다리 그림 나누기**
순위사다리 그림을 학생들 각자에게 나누어준다.

2 **질문하기**
교사는 학생들에게 순위를 정해볼 수 있는 질문을 제시한다.

3 **생각하고 기록하기**
학생들은 제시된 질문에 대한 답변의 우선순위를 정하여 순위사다리에 기록한다.

4 **발표하기**
학생들은 돌아가며 발표하고 그렇게 순서를 정한 이유가 무엇인지도 이야기한다.

성경공부
적용 실제

마음열기

제목 **용돈 지출 우선순위**

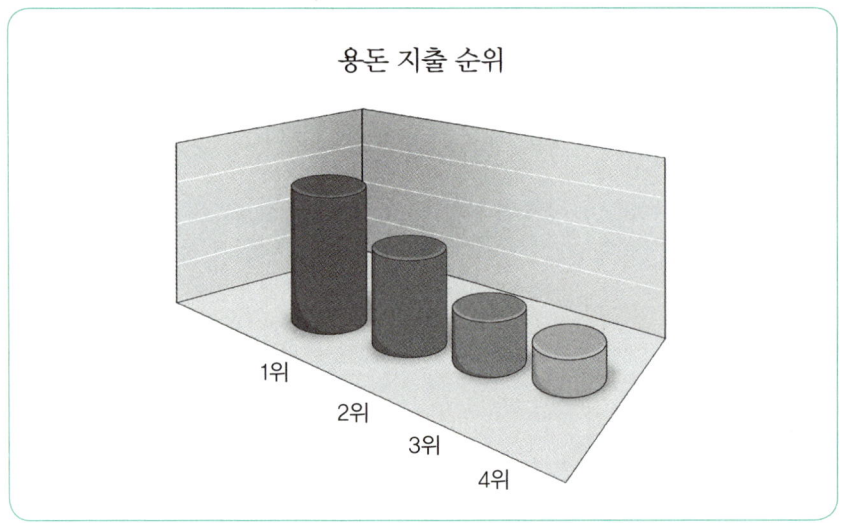

1 **순위사다리 그림 나누기**
교사는 순위사다리 그림을 학생들 각자에게 나누어준다.

2 **질문하기**
교사는 학생들에게 '용돈 지출 순위' 1위에서 4위까지의 항목을 생각해보게 한다.

3 **생각하고 기록하기**
학생들은 각자가 생각한 1위부터 4위까지의 항목을 순위사다리에 기록한다.

4 **발표하기**
학생들은 돌아가며 발표하고 그렇게 순서를 정한 이유가 무엇인지도 이야기한다.

제목 휴대폰 단축번호 1-3번

성경공부 적용 실제

마음열기

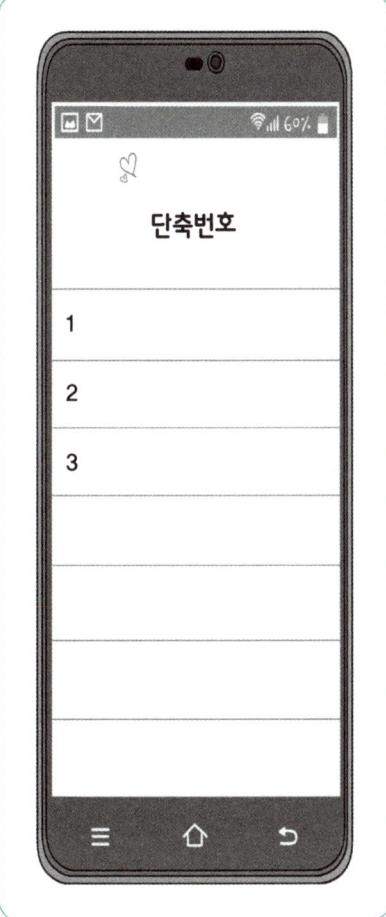

1 **순위사다리 그림 나누기**
교사는 학생들에게 휴대폰 단축번호로 변형한 순위사다리 그림을 학생들 각자에게 나누어준다.

2 **질문하기**
교사는 학생들에게 '내 휴대폰 단축번호 1-3번'이 누구인지 생각해보도록 한다.

3 **생각하고 기록하기**
학생들은 각자가 생각한 1위부터 3위까지의 이름을 순위사다리에 기록한다.

4 **발표하기**
학생들은 돌아가며 발표하고 그렇게 순서를 정한 이유가 무엇인지도 이야기한다.

성경공부
적용 실제

마음열기

제목 얄밉다 베스트 3

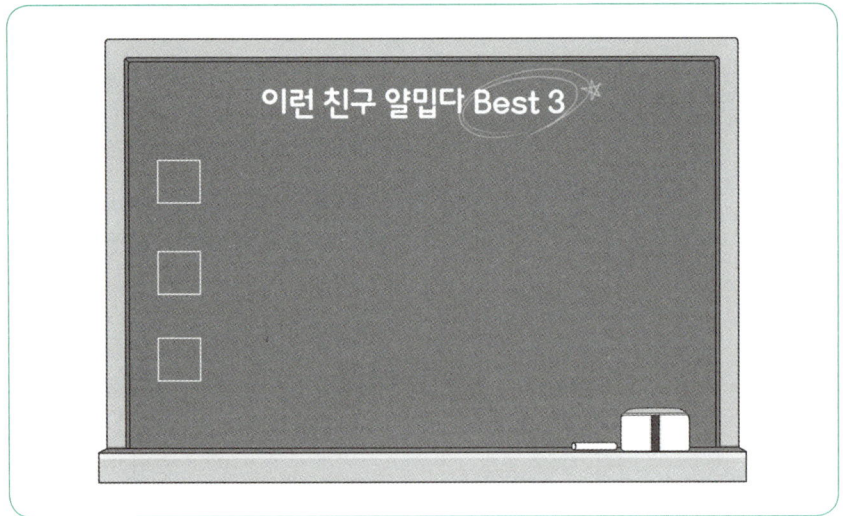

1 **순위사다리 그림 나누기**
   교사는 칠판이미지로 변형한 순위사다리 그림을 학생들 각자에게 나누어준다.

2 **질문하기**
   교사는 학생들에게 얄밉게 느껴지는 친구 세 명을 생각해보도록 한다.

3 **생각하고 기록하기**
   학생들은 각자가 생각한 1위부터 3위까지가 누구인지 순위사다리에 이름을 약자로 기록한다.

4 **발표하기**
   학생들은 돌아가며 발표하고, 그렇게 생각한 이유가 무엇인지도 이야기한다.

제목 깨뜨려야 할 나의 우상

본문 사무엘상 7:1-17

중심 메시지 죄를 버리고 하나님만 섬기라

성경공부 적용 실제

적용과 결단

1. **순위사다리 그림 나누기**
   교사는 순위사다리 그림을 학생들 각자에게 나누어준다.

2. **질문하기**
   교사는 학생들에게 '깨뜨려야 할 나의 우상들'을 생각해보게 한다.

3. **생각하고 기록하기**
   학생들은 각자가 생각한 우상들 중에서 가장 큰 것부터 작은 것까지 순위를 나누어서 기록한다.

4. **발표하기**
   학생들은 돌아가며 자신이 깨뜨려야 할 우상을 발표하고 그 이유가 무엇인지도 이야기한다.

11) 생각-짝-모둠

생각-짝-모둠은 아주 간단하면서도 사고력을 신장시키는 효과를 이끌어 내는 데 유용한 구조이다. 또한 어떠한 형태의 소그룹이나 팀에서도 사용할 수 있는 기본적인 의사소통 구조이기도 하다.

특별히 짝과 이야기를 나눈 후에 짝의 이야기를 모둠의 모든 학생들과 나누는 활동은 소그룹 안에서 효과적인 의사소통을 이끌어낸다. 나의 이야기를 내가 직접 이야기하는 것이 아니라 나와 이야기를 나눈 짝이 대신해서 말해줌으로써 짝의 진심을 효과적으로 전달할 수 있다.

진행 단계

1 **질문하기**
교사는 학생들에게 주제 질문과 생각할 제한된 시간을 제시한다.

2 **생각하기**
학생들은 교사의 질문에 대한 답변을 생각한다.

3 **짝 토론**
모둠 안에서 둘씩 짝을 이루어 질문에 대한 서로의 대답을 이야기한다.

4 **발표하기**
모둠 전체에서 발표할 때, 각자가 말한 내용을 직접 이야기하지 않고 조금 전에 짝이 이야기한 내용을 대신해서 발표한다.

성경공부
적용 실제

마음열기

제목 아! 부럽다

가장 부러운 사람

☐ 빌 게이츠
☐ 조수미
☐ 김연아
☐ 대통령
☐ 연예인
☐

1 질문하기
교사는 학생들에게 "내가 가장 부러워하는 사람은 누구인가요?"를 질문한다.

2 생각하기
학생들은 교재에 주어진 항목 중에서 혹은 그 외의 사람들 중에서 누가 있는지를 생각한다.

3 짝 토론
모둠 안에서 둘씩 짝을 이루어 질문에 대한 서로의 대답을 이야기한다.

4 발표하기
모둠 전체에서 발표할 때, 각자가 발표한 부러운 사람을 이야기하지 않고 좀 전에 짝이 이야기한 부러운 사람을 대신해서 발표한다.

제목 기다려지는 문자메시지는?

성경공부
적용 실제

마음열기

기분이 좋아지는 문자메시지

1 **질문하기**
교사는 학생들에게 "어떤 문자 메시지를 받을 때 기분이 좋아지나요?"를 질문한다.

2 **생각하기**
학생들은 교사가 제시한 질문에 대한 대답을 생각한다.

3 **짝 토론**
모둠 안에서 둘씩 짝을 이루어 질문에 대한 서로의 대답을 이야기한다.

4 **발표하기**
모둠 전체에서 발표할 때, 각자가 발표한 문자메시지 내용을 이야기하지 않고 좀 전에 짝이 이야기한 내용을 대신해서 발표한다.

성경공부 적용 실제
적용과 결단

제목 두려울 때는?

본문 누가복음 8:26-39
중심 메시지 능력의 예수님을 의지하라

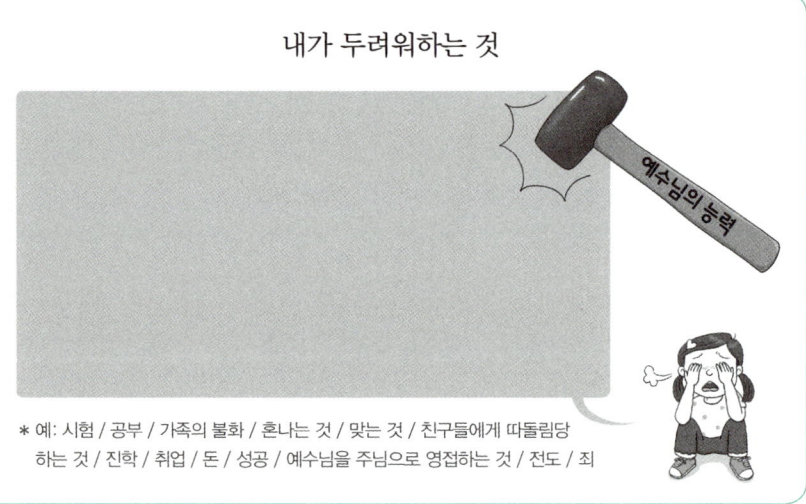

내가 두려워하는 것

* 예: 시험 / 공부 / 가족의 불화 / 혼나는 것 / 맞는 것 / 친구들에게 따돌림당하는 것 / 진학 / 취업 / 돈 / 성공 / 예수님을 주님으로 영접하는 것 / 전도 / 죄

1 질문하기
교사는 학생들에게 "교회는 다니지만 내가 계속해서 두려워하는 것이 무엇인가요?"를 질문한다.

2 생각하기
학생들은 교사가 제시한 질문에 대한 대답을 생각한다.

3 짝 토론
모둠 안에서 둘씩 짝을 이루어 질문에 대한 서로의 대답을 이야기한다.

4 발표하기
모둠 전체에서 발표할 때, 각자가 발표한 내용이 아니라 좀 전에 짝이 이야기한 내용을 대신해서 발표한다.

12) 참, 거짓?

남녀노소 누구나 쉽게 참여할 수 있는 활동 중심의 학습구조이다. 개인적인 이야기나 성경 이야기를 ○× 문제로 구성하여 제시하고, 다른 학생들은 그 이야기가 사실이라고 생각하면 엄지손가락을 위로 표시하고, 거짓이라고 생각하면 엄지손가락을 아래로 표시하도록 한다.

지루하고 딱딱해질 수 있는 수업 분위기를 재미있게 바꿀 수 있으며 배워야 할 학습 내용에도 흥미를 갖도록 유도하는 구조이다. 학습 전에 '참, 거짓?' 구조를 활용하여 배울 내용을 점검하고 수업에 임하게 되면 틀렸던 문제에 대해서는 좀더 집중해서 교사의 이야기를 듣게 되는 장점도 있다.

진행 단계

1 **주제 제기**
교사는 학생들에게 문제를 구성할 주제를 이야기한다.

2 **이야기 만들기**
학생들은 주제에 대한 문제(참 또는 거짓)를 만들어 말한다.

3 **표시하기**
문제를 말하면, 나머지 학생들은 참인지 거짓인지를 엄지손가락으로 표시한다.

4 **확인하기**
문제를 출제한 학생이 정답을 확인해준다.

성경공부
적용 실제

말씀이해와 암기

제목 요나에 대해 알고 싶다

본문 요나 3:1-10

중심 메시지 죄악에서 돌이키라

- 여호와의 말씀이 두 번이나 요나에게 임했다. (○ ×)
- 요나가 이번에도 여호와의 말씀에 순종하지 않았다. (○ ×)
- 요나가 하나님의 말씀을 선포할 성읍은 큰 성 니느웨였다. (○ ×)
- 요나가 성읍에 들어가 3일 동안 40일이 지나면 니느웨가 무너지리라고 외쳤다. (○ ×)
- 니느웨 짐승들도 베옷을 입고 금식하였다. (○ ×)
- 여호와께서 니느웨 성에 재앙을 내리셨다. (○ ×)

1 주제 제기
교사는 학생들에게 교재에 제시된 문제의 정답을 찾도록 한다.

2 이야기 만들기
교사는 학생들에게 주어진 문제들 중에서 한 문제를 선택해서 발표한다. (학생들이 본문을 읽고 문제를 스스로 문제를 만들 수도 있다.)

3 표시하기
문제를 말하면, 나머지 학생들은 참인지 거짓인지를 엄지손가락으로 표시한다.

4 확인하기
문제를 발표한 학생이 정답을 확인해준다.

제목 홍해 앞에서

본문 출애굽기 14:15-31
중심 메시지 하나님이 우리의 인도자이심을 기억하라

성경공부 적용 실제
말씀이해와 암기

1 이집트 군대가 따라오자 하나님이 불기둥을 뒤로 보내 막으셨다. (○ ×)
2 홍해는 지팡이를 내밀자 곧바로 갈라졌다. (○ ×)
3 홍해가 덮이자 애굽 군대는 대부분 피하였다. (○ ×)

1 주제 제기
교사는 학생들에게 교재에 제시된 문제의 정답을 찾도록 한다.

2 이야기 만들기
교사는 학생들에게 주어진 문제 중에 한 문제를 정해서 발표한다. (문제는 교사가 제시하지 않고 학생들이 본문을 읽고 스스로 만들 수도 있다.)

3 표시하기
학생들이 돌아가며 문제를 말할 때, 나머지 학생들은 참인지 거짓인지를 엄지손가락으로 표시한다.

4 확인하기
문제를 발표한 학생이 정답을 확인해준다.

13) 벤 다이어그램

벤 다이어그램은 서로 다른 두 사건이나 사람을 비교하여 공통점과 차이점을 찾아봄으로써 관찰력과 사고력을 발전시키는 구조이다.

 수학에서도 벤 다이어그램은 교집합과 합집합의 개념을 도형으로 쉽게 설명하는 데 활용된다. 학생들은 수학에서 사용되는 벤 다이어그램의 의미를 잘 이해하고 있기에 이를 적용하여, 논리를 직감적으로 이해하고 정의하는 데 효과적으로 활용할 수 있다. 이러한 비교 활동을 통해 대상에 대한 좀 더 분명한 이해를 얻을 수도 있다.

진행 단계

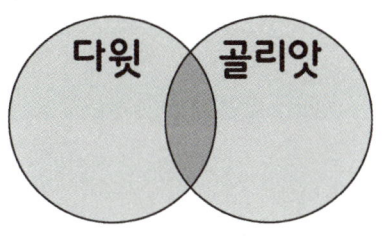

1 벤 다이어그램 그리기
 두 개의 원을 어느 정도 겹치게 그린다.

2 비교대상 제시
 교사는 학생들에게 비교대상을 제시하고, 각 원의 상단에 기록하게 한다.

3 공통점과 차이점 찾기
 학생들은 각자 자신이 이해한 공통점과 차이점을 기록한다.

4 발표하기
 학생들은 각자가 기록한 내용을 서로 돌아가며 이야기한다.

성경공부 적용 실제

말씀이해와 암기

제목 소경과 바리새인

본문 요한복음 9:1-41
중심 메시지 영적 소경이여, 눈을 뜨라!

소경과 바리새인의 공통점과 차이점

1 **벤 다이어그램 그리기**
  교사는 두 개의 원의 가운데가 어느 정도 겹쳐지게 그려진 벤 다이어그램을 학생들에게 나누어준다.

2 **비교대상 제시**
  교사는 학생들에게 소경과 바리새인이라는 비교대상을 제시한다.

3 **공통점과 차이점 찾기**
  학생들은 본문을 읽고, 각자 자신이 이해한 소경과 바리새인의 공통점과 차이점을 벤 다이어그램에 기록한다.

4 **발표하기**
  학생들은 각자가 기록한 내용을 서로 돌아가며 이야기한다.

제목 이스라엘 백성과 나를 비교해보아요

본문 느헤미야 8:9-18

중심 메시지 배운 것을 실천하라

성경공부 적용 실제

적용과 결단

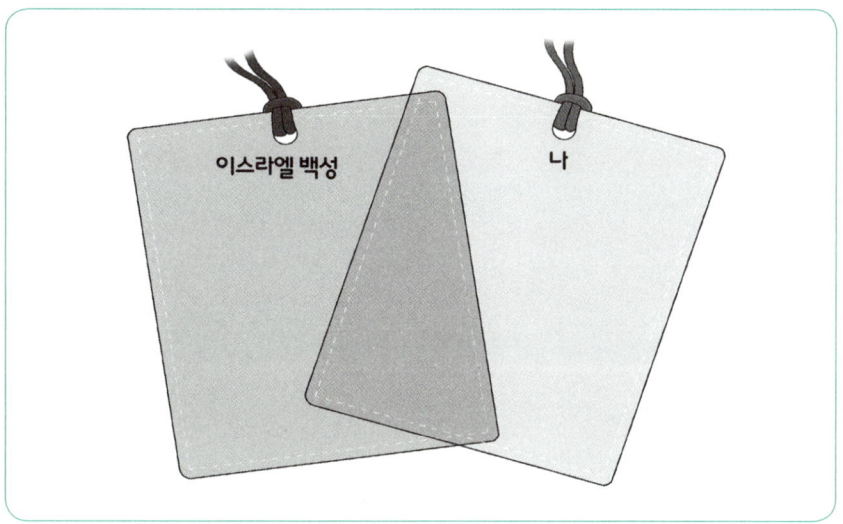

1 벤 다이어그램 그리기
교사는 책갈피를 변형해서 만든 벤 다이어그램을 학생들에게 나누어준다.

2 비교대상 제시
교사는 학생들에게 '이스라엘 백성과 나'라는 비교대상을 제시한다.

3 공통점과 차이점 찾기
학생들은 본문을 통해 배운 내용을 중심으로 이스라엘 백성과 나의 공통점과 차이점을 벤 다이어그램에 기록한다.

4 발표하기
학생들은 각자가 기록한 내용을 서로 돌아가며 이야기한다.

성경공부
적용 실제

적용과 결단

제목 공통점과 차이점 찾기

본문 출애굽기 11:1-10

중심 메시지 구별된 삶으로 하나님을 드러내라

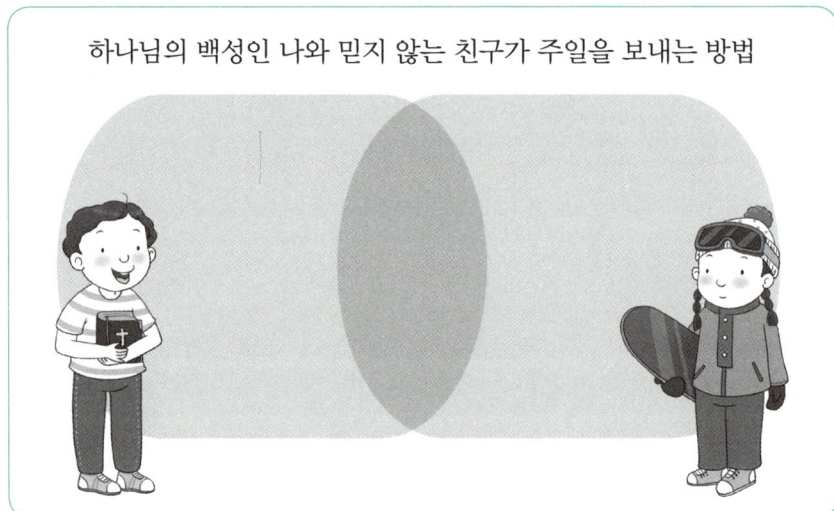

하나님의 백성인 나와 믿지 않는 친구가 주일을 보내는 방법

1 벤 다이어그램 그리기
교사는 두 개의 도형이 일부 겹쳐진 벤 다이어그램을 학생들에게 나누어준다.

2 비교대상 제시
교사는 학생들에게 비교대상을 제시한다.

3 공통점과 차이점 찾기
학생들은 본문을 통해 배운 내용을 중심으로 하나님의 백성인 나와 믿지 않는 친구의 공통점과 차이점을 벤 다이어그램에 기록한다.

4 발표하기
학생들은 각자가 기록한 내용을 서로 돌아가며 이야기한다.

제목 이삭과 나를 비교하기

본문 창세기 26:12-33

중심 메시지 관대함으로 양보하여 하나님의 사람임을 보이라

성경공부 적용 실제

적용과 결단

이삭과 나의 공통점과 차이점을 적어보세요.

1 벤 다이어그램 그리기
교사는 두 개의 원이 일부 겹쳐진 벤 다이어그램을 학생들에게 나누어준다.

2 비교대상 제시
교사는 학생들에게 '이삭과 나'라는 비교대상을 제시한다.

3 공통점과 차이점 찾기
학생들은 본문을 통해 배운 내용을 중심으로 이삭과 나의 공통점과 차이점을 벤 다이어그램에 기록한다.

4 발표하기
학생들은 각자가 기록한 내용을 서로 돌아가며 이야기한다.

14) 마인드맵

한 주제를 중심으로 생각의 틀을 발전시켜 나가는 마인드맵 구조는 문자 그대로 '생각의 지도'라는 뜻을 가지고 있다. 자신의 생각을 지도를 그리듯이 이미지화해서 정리하는 것이다.

성공하는 사람들이 가진 공통점 중 하나는 기록하는 습관을 가지고 있다는 것이다. 기록하면 시야가 넓어지고 두뇌의 종합적인 사고가 발달한다. 읽고 생각하고 분석하고 기억하는 모든 것을 마음속의 지도에 그리듯이 그려가는 마인드맵은 하나의 주제를 여러 측면으로 살펴볼 수 있도록 도움을 주고 생각의 폭을 넓히는 데 유용하다.

진행 단계

1 **주제 제기**
학생들은 주어진 종이의 가운데 부분에 원을 그리고, 그 안에 주제단어를 기록한다.

2 **개념 확장**
학생들은 원에 선을 연결하여 주제와 관련된 내용을 상위개념에서 하위개념으로 확장해서 기록한다.

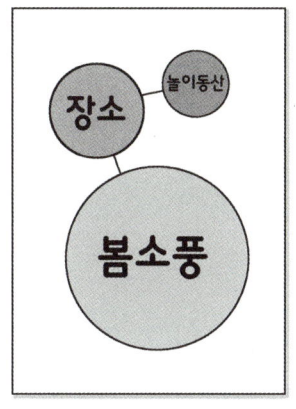

3 **발표하기**
돌아가며 자신이 기록한 마인드맵을 친구들에게 보여주며 설명한다.

성경공부
적용 실제

마음열기

제목 **나를 소개합니다**

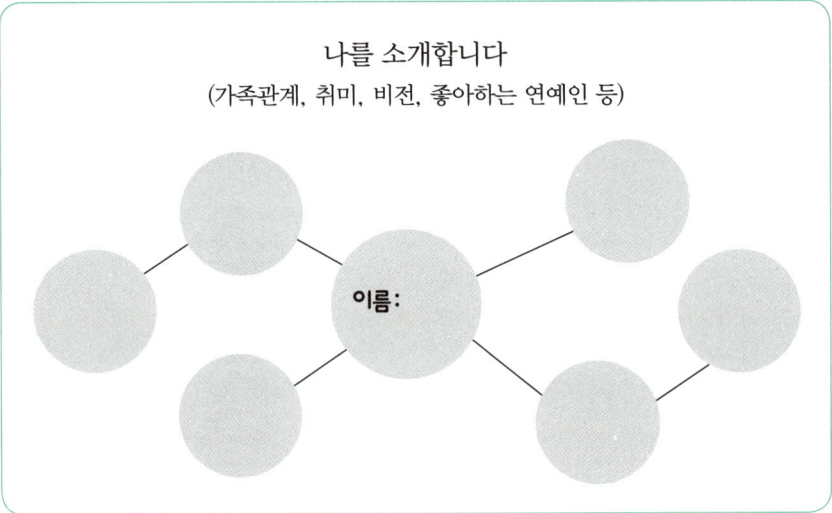

1 **주제 제기**
  교사는 학생들에게 종이 한 장을 나누어주면서 가운데 부분에 원을 그리고, 그 안에 이름과 별명을 기록하게 한다.

2 **개념 확장**
  학생들은 가운데 기록된 원에 선을 연결하여, 자신을 소개하는 다양한 주제의 관련 내용을 확장해서 기록한다.

3 **발표하기**
  돌아가며 자신을 소개하는 내용을 기록한 마인드맵을 친구들에게 보여주며 설명한다.

제목 **병을 고친 사람들**

본문 마태복음 8:1-34
중심 메시지 치료하시는 예수님을 만나라

성경공부
적용 실제

말씀이해와 암기

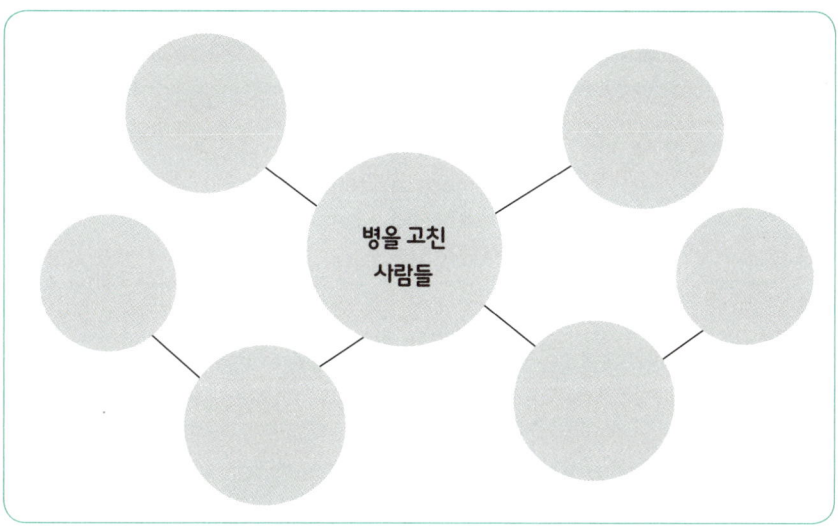

1 **주제 제기**
   교사는 학생들에게 주어진 종이의 가운데 부분에 원을 그리고, 그 안에 '병을 고친 사람들'을 적도록 한다.

2 **개념 확장**
   학생들은 '병을 고친 사람들'을 중심으로 선을 연결하여, 마태복음 8장에서 예수님이 행하신 일들을 기록한다.

3 **발표하기**
   돌아가며 자신이 기록한 마인드맵을 친구들에게 보여주며 설명한다.

성경공부
적용 실제

적용과 결단

제목 하나님 나라를 위해 내가 해야 할 일은?

본문 사무엘하 7:1-17
중심 메시지 너를 통해 하나님의 나라를 드러내라

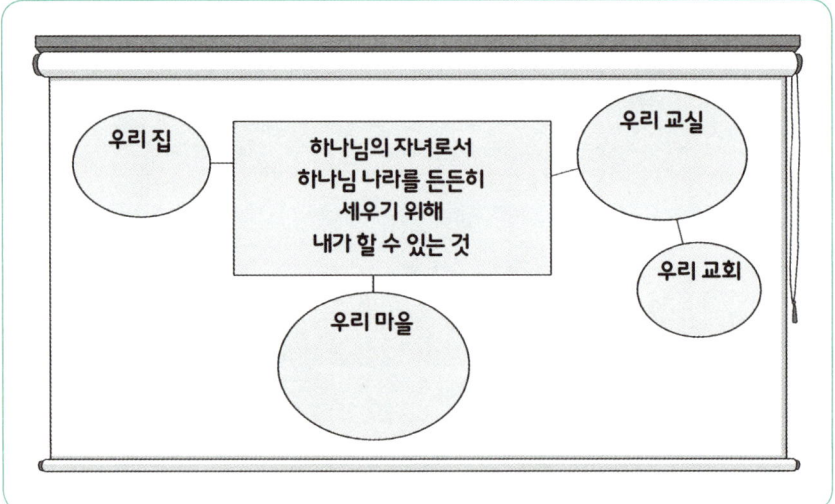

1 주제 제기
교사는 학생들에게 '하나님의 자녀로서 하나님 나라를 든든히 세우기 위해 내가 할 수 있는 것'이라는 주제의 마인드맵을 나누어주고 질문한다. "하나님은 하나님의 자녀인 여러분을 통해 하나님 나라를 든든히 세우기를 원하십니다. 여러분이 속한 곳마다 하나님의 법(복음)이 선포되는 하나님 나라가 되도록 지금 내가 할 수 있는 것은 무엇일까요?"

2 개념 확장
학생들은 주어진 주제를 중심으로 '우리 교실', '우리 집', '우리 교회', '우리 마을'에서 내가 어떤 일들을 할 수 있을지 기록한다.

3 발표하기
돌아가며 자신이 기록한 마인드맵을 친구들에게 보여주며 설명한다.

제목 지혜롭게 행해야 할 것들

본문 사무엘상 25:36-44
중심 메시지 지혜롭게 행동하라

성경공부
적용 실제

적용과 결단

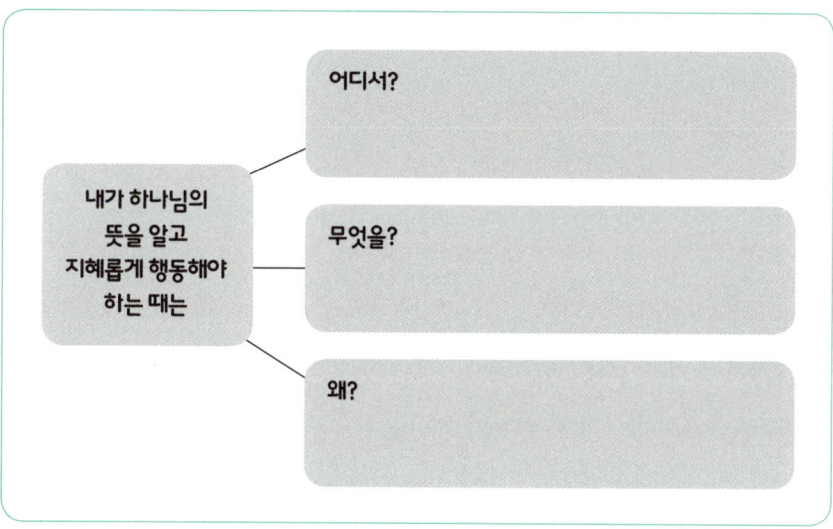

1. **주제 제기**
   교사는 학생들에게 '하나님의 뜻을 알고 지혜롭게 행동해야 하는 때는?'이라는 주제의 마인드맵을 나누어준다. "하나님의 뜻을 알지 못하고 다윗을 모욕하던 나발은 벌을 받아 죽었습니다. 지혜롭게 행동한다는 것은 하나님의 뜻을 잘 알고 그 뜻대로 행동하는 것입니다. 언제 나는 하나님의 뜻을 알아 지혜롭게 행동하나요?"

2. **개념 확장**
   학생들은 주어진 주제를 중심으로 '어디서?', '무엇을?', '왜?' 해야 하는지를 기록한다.

3. **발표하기**
   돌아가며 자신이 기록한 마인드맵을 친구들에게 보여주며 설명한다.

15) 파이차트

파이차트 구조는 학생들의 마음을 이해할 수 있는 중요한 생각의 틀이다. 호두파이나 애플파이를 보면 둥근 원의 형태를 가지고 있다. 여기에서 이미지를 가지고 와서 전체적인 비율을 쉽게 파악할 수 있도록 돕는 구조이다.

파이차트 구조는 통계 수치의 비율을 파악하는 데 효과적이고, 정확한 수치 데이터를 파악할 때는 막대그래프를 사용하는 것이 더욱 효과적이다. 파이차트는 소그룹 모임에서 자기의 생각의 분량을 표시하는 데 유용하게 활용되며, 특히 자신의 관심을 어디에 많이 쏟고 있는지를 표현하는 것에 효과적으로 사용된다.

진행 단계

1 **파이차트 제시하기**
교사는 학생들에게 주제가 적힌 파이차트를 나누어준다.

2 **표시하기**
학생들은 파이차트를 보며 자신의 생각을 분량으로 표시하여 색칠한다.

3 **발표하기**
학생들 각자가 그린 파이차트를 전체 학생들에게 보여주며 이야기한다.

성경공부
적용 실제

마음열기

제목 나의 하루는?

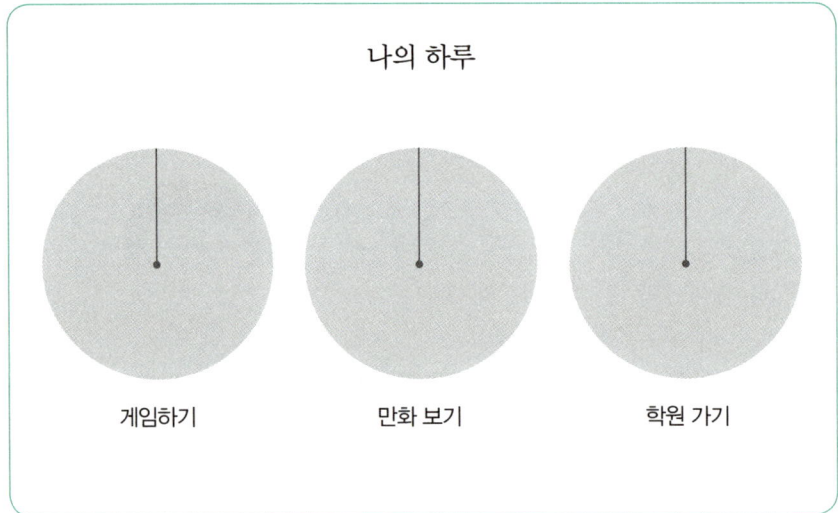

나의 하루

게임하기 　　　 만화 보기 　　　 학원 가기

1 **파이차트 제시하기**
교사는 학생들에게 나의 하루 일과 중에서 게임하기, 만화 보기, 학원 가기 등에 사용하는 시간이 얼마인지 생각하게 한다.

2 **표시하기**
학생들은 시계 모양의 파이차트에 게임하기, 만화 보기, 학원 가기에 사용하는 하루 시간 합계를 표시하도록 한다.

3 **발표하기**
학생들 각자가 그린 파이차트를 전체 학생들에게 보여주며 이야기한다.

제목 하나님만을 섬기며 사는 나의 모습

본문 출애굽기 32:15-35
중심 메시지 하나님 한 분만 믿고 바라보라

성경공부
적용 실제

적용과 결단

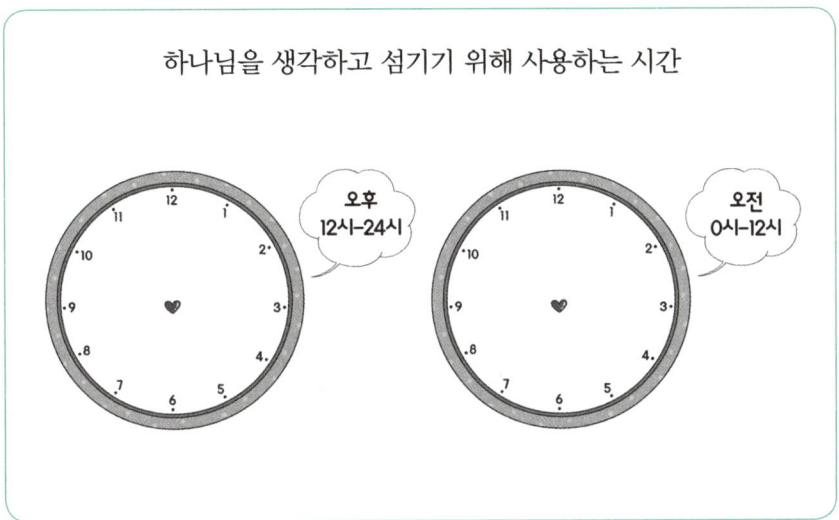

1 **파이차트 제시하기**
   교사는 학생들에게 '나의 하루 일과 중에서 하나님을 생각하고 그분을 섬기기 위해 사용하는 시간이 얼마인지'를 생각하게 한다. "오늘 여러분은 우리를 인도하신 분은 오직 하나님 한 분밖에 없음을 기억하고 그분만을 섬기며 살아가고 있나요?"

2 **표시하기**
   학생들은 시계 모양의 파이차트에 나의 하루 일과 중에서 하나님을 생각하고 그분을 섬기기 위해 사용하는 시간이 얼마인지 시간을 표시하도록 한다.

3 **발표하기**
   학생들 각자가 그린 파이차트를 전체 학생들에게 보여주며 이야기한다.

성경공부
적용 실제

적용과 결단

제목 하나님, 채워주세요

본문 **누가복음 10:1-16**
중심 메시지 **전도자로 살아가라**

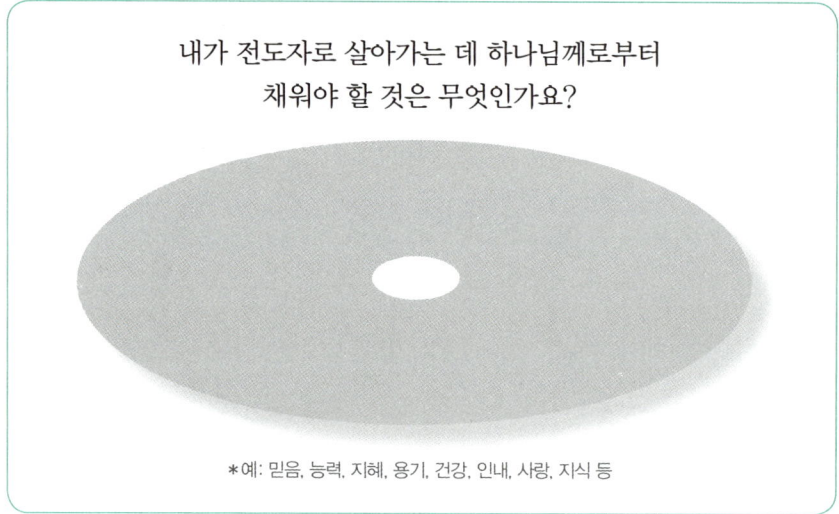

내가 전도자로 살아가는 데 하나님께로부터 채워야 할 것은 무엇인가요?

＊예: 믿음, 능력, 지혜, 용기, 건강, 인내, 사랑, 지식 등

1 파이차트 제시하기
교사는 학생들에게 '내가 전도자로 살아가는 데 하나님으로부터 채워야 할 것이 무엇인지'를 생각하게 한다.

2 표시하기
학생들은 파이차트에 내가 전도자로 살아가는 데 하나님으로부터 채워야 할 것(예: 믿음, 능력, 지혜, 용기, 건강, 인내, 사랑, 지식 등)을 분량과 함께 표시하도록 한다.

3 발표하기
학생들 각자가 그린 파이차트를 전체 학생들에게 보여주며 이야기한다.

제목 나는 어떤 예배자인가?

본문 사무엘상 1:19-28
중심 메시지 하나님의 사람으로 살아가라

성경공부 적용 실제

적용과 결단

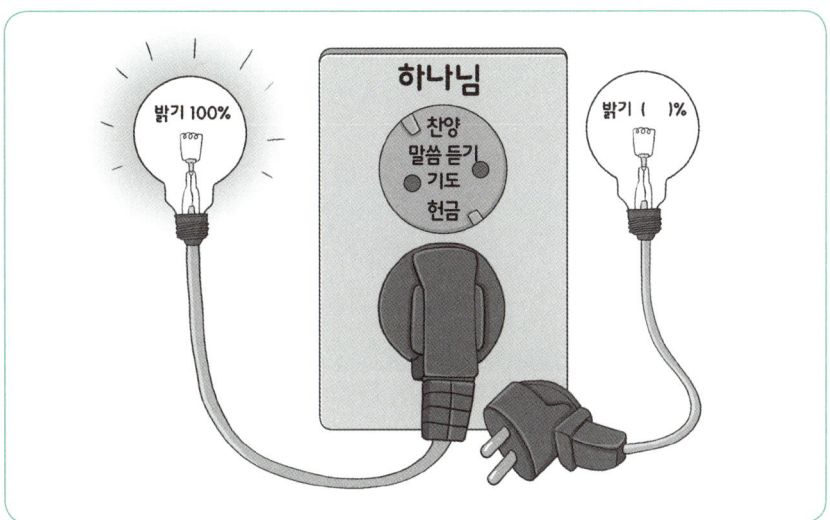

1 **파이차트 제시하기**
   교사는 학생들에게 내가 예배자로서 얼마나 준비되어 있는지를 생각하게 한다. "우리가 평생 하나님의 사람으로 살아가는 것은 예배를 통해 가능합니다. 여러분이 예배하는 자세는 어떠한지 생각해보세요."

2 **표시하기**
   학생들은 충전 표시로 변형되어 제시된 파이차트에 내가 예배자로서 몇 퍼센트나 준비되어 있는지 퍼센트로 기록한다.

3 **발표하기**
   학생들 각자가 그린 파이차트를 전체 학생들에게 보여주며 이야기한다.

16) 결심문장

결심문장은 학생들이 소그룹을 통해 깨달은 내용을 자신의 삶에 적용하기 위해 빈 문장에 기록하고 실천하도록 선언하는 구조이다.

   결심문장 내용을 그림이나 표어로 만들어 게시판에 붙여놓거나 액자로 만들어 책상 위에 놓는 것은 실천 의지를 높이는 좋은 방법이 될 것이다. 아울러 결심문장의 내용을 소그룹 안에서 학생들이 발표할 때 격려와 응원의 말을 해주면 학생들이 더욱 용기를 가지고 실천할 수 있을 것이다.

진행 단계

1 **결심문장 제시**
교사는 학생들이 배운 말씀을 중심으로 자신의 삶을 결단하도록 결심 문장을 작성하여 학생들에게 나누어준다.

2 **생각하기**
결심문장에 채워야 할 내용을 생각해본다.

3 **혼자 써보기**
학생들은 스스로 결심한 내용을 결심 문장에 기록한다.

4 **발표하기**
학생들은 자신의 결심을 돌아가면서 발표한다.

5 **격려하기**
한 명씩 돌아가며 발표할 때마다 모두가 발표한 친구를 격려한다.

성경공부
적용 실제

적용과 결단

제목 평생사명선언서

본문 누가복음 1:67-80

중심 메시지 거룩하고 의롭게 살아가라

평생사명선언서

나 _____ 는(은) 주님의 용서와 구원을 체험한 자로서 두려움 없이 주님을 섬기고 평생 동안 주님 앞에서 거룩하고 의롭게 살아갈 것을 다짐합니다.

20   년   월   일

이름: (서명)

---

1 결심문장 제시
교사는 학생들이 배운 말씀을 중심으로 자신의 삶을 결단하도록 평생사명선언서를 작성하여 학생들에게 나누어준다.

2 생각하기
학생들은 평생사명선언서의 내용을 읽고 실천을 다짐한다.

3 혼자 써보기
학생들은 평생사명선언서에 자신의 이름을 적는다.

4 발표하기
학생들은 자신의 평생사명선언서를 돌아가면서 발표한다.

5 격려하기
한 명씩 돌아가며 발표할 때마다, 모둠원 모두가 발표한 친구를 격려한다.

제목 봉사활동 서약서

본문 사무엘상 30:21-30
중심 메시지 네가 가진 것을 나누며 살아라

성경공부 적용 실제
적용과 결단

봉사활동 서약서

나는 앞으로

_____

마음과 각오로 봉사하겠습니다.

서약자 : _____

---

1 결심문장 제시
교사는 학생들이 배운 말씀을 중심으로 자신의 삶을 결단하도록 봉사활동 서약서를 학생들에게 나누어준다. "하나님의 영광을 위해 우리는 나누는 삶을 살아야 합니다. 하나님이나 이웃을 위해서 어떤 나눔과 봉사, 섬김을 실천할 수 있을까요?"

2 생각하기
학생들은 하나님과 이웃을 위해 어떠한 섬김과 봉사를 실천할지 생각한다.

3 혼자 써보기
학생들은 봉사활동 서약서에 자신의 다짐과 이름을 기록한다.

4 발표하기
학생들은 봉사활동 서약서를 돌아가면서 발표한다.

5 격려하기
한 명씩 돌아가며 발표할 때마다, 모두가 발표한 친구를 격려한다.

성경공부
적용 실제

적용과 결단

제목 지금부터 바로 섬겨요

본문 고린도전서 7:17-24

중심 메시지 지금 바로 행하라

_____ 교회

_____ (으)로서

하나님께 책임을 다하는

_____

---

1 결심문장 제시
교사는 학생들이 배운 말씀을 중심으로 교회와 하나님 앞에서 어떤 책임을 감당할지를 기록하는 결심문장 이름표를 학생들에게 나누어준다.

2 생각하기
학생들은 교회와 하나님 앞에서 어떤 책임을 감당할 것인지를 생각한다.

3 혼자 써보기
학생들은 결심 문장에 자신의 다짐과 이름을 기록한다.

4 발표하기
학생들은 서로 돌아가면서 결심문장을 발표한다.

5 격려하기
한 명씩 돌아가며 발표할 때마다, 모두가 발표한 친구를 격려한다.

17) 만일그래프

만일그래프는 실제 상황을 정리해보고 반대되는 상황을 상상해봄으로써 일어날 수 있는 결과에 대해 생각해보는 구조이다. 이는 토론을 할 때에 여러 입장에서 해결방안을 제시하는 데 도움을 준다.

특별히 소그룹에서 부정적인 결과가 나온 성경이야기를 배울 때 이 구조가 효과적으로 사용될 수 있다. 어떤 행동을 통해 나쁜 결과를 가져온 사례에서 다른 경우를 생각해봄으로써 좋은 결과를 가져오는 선택을 하도록 도전할 수 있다.

진행 단계

1 **만일그래프 제시**
  교사는 학생들에게 만일그래프 그림을 나누어준다.

2 **실제 결과 기록**
  교사는 학생들에게 실제 사건의 원인이 되는 행동을 제시하고, 행동에 따른 결과를 우측방향의 화살표에 기록하게 한다.

3 **만약에 따른 결과 기록**
  교사는 학생들에게 '만약' 질문을 통해 사건의 원인이 발생하지 않았을 때 어떤 결과가 초래될지를 아래쪽 화살표에 기록하게 한다.

4 **비교하여 발표하기**
  학생들이 두 가지 결과를 비교하면서 서로 돌아가며 발표함으로써, 올바른 선택이 무엇인가를 느끼도록 한다.

성경공부
적용 실제

말씀이해와 암기

제목 하나님과 씨름하라

본문 창세기 32:24-32

중심 메시지 하나님과 씨름하며 부르짖으라

1 **만일그래프 제시**
교사는 학생들에게 깃발 모양으로 변형한 만일그래프 그림을 나누어준다.

2 **실제 결과 기록**
교사는 학생들에게 본문을 통해서 배운 내용을 중심으로 야곱이 하나님과 씨름하여 얻은 결과를 위쪽으로 향한 만일그래프에 기록하게 한다.

3 **만약에 따른 결과 기록**
교사는 학생들에게 '만약' 질문을 통해 야곱이 씨름을 포기했을 때 어떤 결과가 초래되었을지를 아래쪽으로 향한 깃발 모양으로 제시된 만일그래프에 기록하게 한다.

4 **비교하여 발표하기**

학생들이 두 가지 결과를 비교하면서 서로 돌아가며 발표함으로써, 올바른 선택이 무엇인가를 느끼도록 한다.

성경공부
적용 실제

말씀이해와 암기

제목 좁은 문으로 들어가면?

본문 누가복음 13:22-30

중심 메시지 좁은 문으로 들어가라

1 만일그래프 제시
교사는 학생들에게 만일그래프 그림을 나누어준다.

2 실제 결과 기록
교사는 학생들에게 본문을 통해서 배운 내용을 중심으로 좁은 문으로 들어가게 될 때의 결과를 우측 방향의 화살표에 기록하게 한다.

3 만약에 따른 결과 기록
교사는 학생들에게 '만약' 질문을 통해 좁은 문으로 들어가지 않았을 경우에 어떤 결과가 초래될지를 아래쪽 화살표에 기록하게 한다.

4 비교하여 발표하기
학생들이 두 가지 결과를 비교하면서 올바른 선택이 무엇인가를 느끼도록 한다.

제목 끝까지 섬기면?

본문 누가복음 22:24-30

중심 메시지 예수님처럼 섬기라

성경공부 적용 실제

적용과 결단

1 **만일그래프 제시**
   교사는 학생들에게 만일그래프 그림을 나누어준다.

2 **실제 결과 기록**
   교사는 학생들에게 본문을 통해서 배운 내용을 중심으로 어려움을 견디며 하나님을 끝까지 섬겼을 때의 결과를 우측 방향의 화살표에 기록하게 한다.

3 **만약에 따른 결과 기록**
   교사는 학생들에게 '만약' 질문을 통해 어렵고 힘들다고 쉽게 포기해버렸을 때 어떤 결과가 초래될지를 아래쪽 화살표에 기록하게 한다.

4 **비교하여 발표하기**
   학생들이 두 가지 결과를 비교하면서 올바른 선택이 무엇인가를 느끼도록 한다.

18) 함께차트

벤 다이어그램이 두 가지를 비교하여 공통점과 차이점을 찾는 데 도움을 준다면 함께차트는 주제에 따른 여러 사람의 관점을 정리하는 데 도움을 주는 구조이다. 이 구조는 주로 도표 형식의 생각의 틀을 활용한다.

교사가 주제를 정해서 빈칸 형태의 도표를 제시하면 학생들은 한 장의 차트에 각자의 생각을 함께 기록함으로써 다양한 의견, 내용, 방법을 한눈에 볼 수 있도록 한다. 다수의 생각을 한 장의 도표에서 한꺼번에 볼 수 있다는 장점이 있다.

진행 단계

1 **함께차트 제시**
 교사는 함께차트를 학생들에게 나누어준다.

2 **기록하기**
 학생들은 함께차트에 주제를 기록하거나, 기록된 주제를 구분하여 차트의 빈칸을 채운다.

3 **발표하기**
 학생들은 돌아가며 자신의 함께차트 내용을 이야기한다.

성경공부
적용 실제

마음열기

제목 **나의 모든 것을 말해줄게**

너의 모든 걸 알고 싶어!

	눈썹	입	팔	머리둘레	손뼘
A					
B					
C					
D					

1 **함께차트 제시**

교사는 학생들 각자의 눈썹, 입, 팔, 머리둘레, 손뼘 길이를 기록할 수 있는 함께차트를 학생들에게 나누어준다.

2 **기록하기**

교사는 학생들을 둘씩 짝을 지어주고 줄자를 나누어준다. 학생들은 줄자를 사용하여 짝의 눈썹, 입, 팔, 머리둘레, 손뼘 길이를 함께차트에 기록한다.

3 **발표하기**

학생들은 돌아가며 자신의 짝에 대해 기록한 내용을 발표하고, 모둠의 모든 학생들도 친구의 발표내용을 자신의 함께차트에 기록한다.

제목 제자들과 보지 못하는 거지를 비교해보세요

본문 누가복음 18:31-43
중심 메시지 영적 시각장애인이 되지 말라

성경공부 적용 실제

말씀이해와 암기

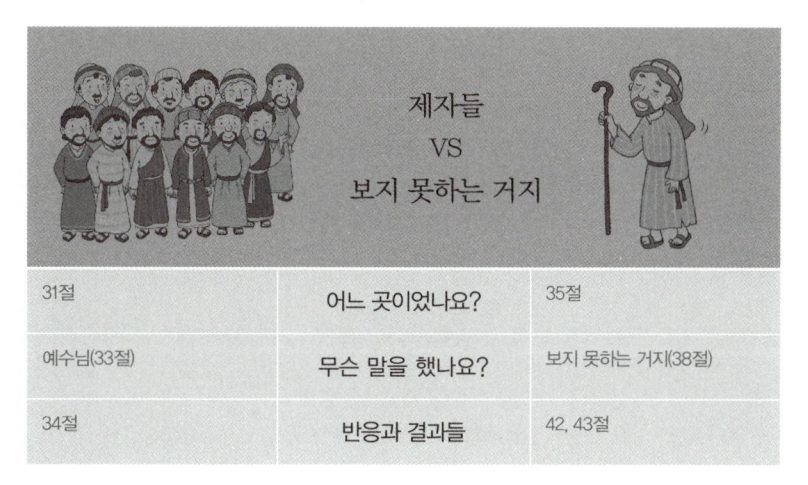

31절	어느 곳이었나요?	35절
예수님(33절)	무슨 말을 했나요?	보지 못하는 거지(38절)
34절	반응과 결과들	42, 43절

1 함께차트 제시
교사는 제자들과 보지 못하는 거지를 비교하는 내용이 기록된 함께차트를 학생들에게 나누어준다. "제자들과 보지 못하는 거지를 비교하고 내용을 채워보세요."

2 기록하기
학생들은 함께차트의 빈칸에 들어갈 내용을 성경말씀을 찾아 기록한다.

3 발표하기
학생들은 돌아가며 기록한 내용을 발표하고, 모둠의 모든 학생들도 친구의 발표 내용을 들으면서 자신이 작성한 내용과 비교해본다.

성경공부
적용 실제

적용과 결단

제목 어떤 모습일까?

본문 사무엘상 21:1-15
중심 메시지 정직과 진실함으로 하나님을 찾으라

나는?	다윗은?	주어지는 상황들	___는?	___는?
		죽음의 위협을 느끼는데 제사장 아비멜렉을 만남		
		친구들이 술과 담배를 권할 때		
		시험 준비를 하지 못했는데 시험을 쳐야 함		
		주일 예배 시간에 학원의 중요한 보충수업이 있을 때		

1 함께차트 제시

교사는 다윗과 나, 그리고 모둠 친구들의 모습을 비교하는 함께차트를 나누어준다. "본문에서 다윗은 위급하고 두려운 상황에서 정직하게 하나님을 찾기보다 거짓으로 상황을 모면하는 모습을 보였습니다. 우리에게 이런 상황이 주어진다면 나와 친구들은 어떤 모습을 보일지 함께차트를 통해 나누어보세요."

2 기록하기

학생들은 함께차트에 주어진 상황들을 읽고, 다윗의 실제 모습과 예상되는 나의 모습을 기록한다.

3 발표하기

학생들은 돌아가며 기록한 내용을 발표하고, 모둠의 모든 학생들도 친구의 발표 내용을 들으면서 함께차트에 각 친구의 이름과 발표 내용을 기록한다.

19) 5W차트

5W차트는 '5W(Why, Who, When, Where, What)'에 입각하여 질문함으로써 본문을 이해시키는 구조이다.

각 본문의 내용을 단순히 읽는 것과, 질문을 가지고 읽는 것은 내용을 이해하는 부분에서 큰 차이가 생긴다. 질문의 틀을 가지고 본문을 읽을 때 좀 더 생생하게 현장감을 느낄 수 있고 내용을 명확히 이해할 수 있다. 또한 소그룹에서는 다른 학생들이 만든 문제를 풀어봄으로써 내용을 복습하는 장점도 있다.

진행 단계

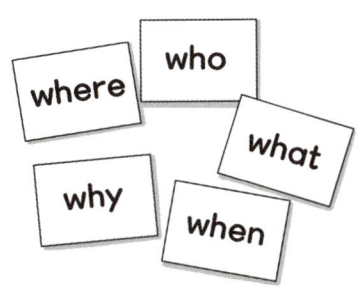

1 5W차트 제시
교사는 학생들에게 5W의 질문이 기록된 차트를 나누어준다.

2 정답 기록하기
학생들은 교사가 제시한 주제에 맞는 5W문제의 정답을 기록한다.

3 발표하기
학생들이 돌아가며 문제를 읽으면 서로 답을 발표한다.

4 확인 및 칭찬하기
정답일 경우 칭찬하고, 오답일 경우 친절하게 가르쳐준다.

성경공부 적용 실제
말씀이해와 암기

제목 예루살렘 멸망에 대한 예언

본문 예레미야 39:11-18

중심 메시지 끝까지 의지하라

예레미야를 통해 주신 하나님의 예언 (15-18절)

누가?(15절)	
언제?(15절)	시위대 뜰에 갇혀 있을 때
어디서?(15절)	
무엇을?(16절)	예루살렘 멸망
왜?(18절)	

1 5W차트 제시
교사는 학생들에게 '누가?', '언제?', '어디서?', '무엇을?', '왜?'라는 질문이 기록된 5W차트를 나누어준다.

2 정답 기록하기
학생들은 제시된 성경말씀을 읽으면서 5W차트의 빈칸에 정답을 기록한다.

3 발표하기
학생들은 돌아가며 각자가 기록한 정답을 발표한다.

4 확인 및 칭찬하기
답이 맞는지를 확인하고 칭찬해준다.

제목 거라사 사건 엑스 파일

본문 누가복음 8:26-39
중심 메시지 능력의 예수님을 의지하라

성경공부
적용 실제

말씀이해와 암기

거라사 사건 엑스 파일

- 누가?
- 어디서?
- 무엇을?
- 어떻게?
- 왜?

1 5W차트 제시
교사는 학생들에게 '누가?', '어디서?', '무엇을?', '어떻게?', '왜?'라는 질문이 기록된 차트를 나누어준다.

2 정답 기록하기
학생들은 제시된 누가복음 8장 26-39절을 찾아 읽으면서 5W차트의 빈칸에 정답을 기록한다.

3 발표하기
학생들은 돌아가며 각자가 기록한 정답을 발표한다.

4 확인 및 칭찬하기
답이 맞는지를 확인하고 칭찬해준다.

성경공부
적용 실제

적용과 결단

제목 세상을 놀라게 하려면?

본문 요한복음 7:14-24
중심 메시지 세상을 놀라게 하라

누가?	무엇을?	언제?	어디서?	왜?
나 는(은)				세상을 놀라게 하기 위해

* 세상을 놀라게 할 때까지 우리의 진실하고 거짓 없는 생활은 계속된다! 쭈욱—!

1 5W차트 제시
교사는 학생들에게 '누가?', '무엇을?', '언제?', '어디서?', '왜?'라는 질문이 기록된 5W차트를 나누어준다.

2 정답 기록하기
교사는 학생들에게 '하나님의 자녀된 우리가 세상을 깜짝 놀라게 하기 위해 무엇을, 언제, 어디서' 할 수 있을지 생각해보고 차트의 빈칸에 기록하게 한다.

3 발표하기
학생들은 돌아가며 각자가 기록한 삶의 적용을 발표한다.

4 확인 및 칭찬하기
학생들이 발표할 때마다 모둠의 친구들이 칭찬하고 격려해준다.

제목 나만의 기도 비법

본문 예레미야애가 2:13-19
중심 메시지 기도로 위기와 맞서라

성경공부 적용 실제

적용과 결단

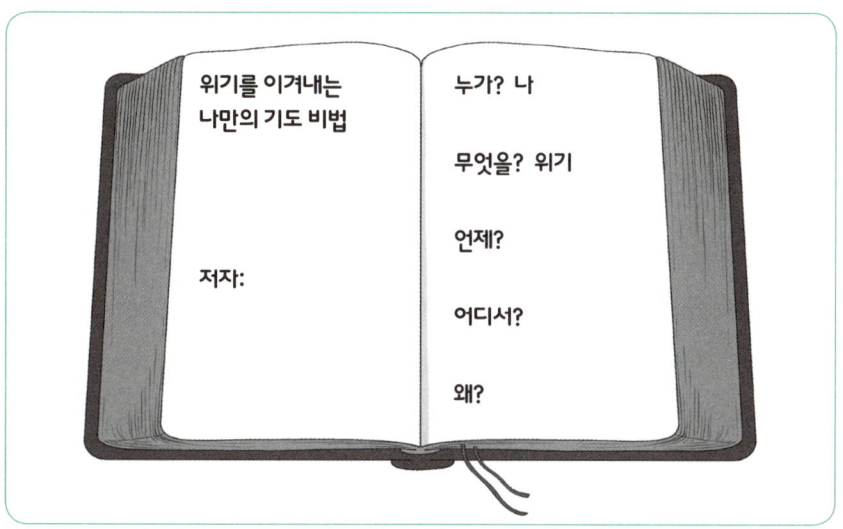

1 **5W차트 제시**
   교사는 학생들에게 '누가?', '무엇을?', '언제?', '어디서?', '왜?'라는 질문이 기록된 5W차트를 나누어준다.

2 **정답 기록하기**
   교사는 학생들에게 '위기를 이겨내는 나만의 기도 비법'을 차트의 빈칸에 기록하게 한다.

3 **발표하기**
   학생들은 돌아가며 각자가 기록한 삶의 적용을 발표한다.

4 **확인 및 칭찬하기**
   학생들이 발표할 때마다 모둠의 친구들이 칭찬하고 격려해준다.

20) 스펙트럼

스펙트럼 구조는 시간의 흐름을 정리하여 쉽게 이해하는 데 도움을 준다. 특히 사람의 일생이나 사건을 시간별로 배열하여 정리하는 데 유용하다. 주일학교 소그룹에서 배우는 성경 이야기들이 단편적으로 하나의 사건으로만 전달되는 경우에는 학생들이 전체적인 성경의 흐름과 배경 속에서 성경의 이야기를 이해하지 못하는 어려움이 생긴다.

따라서 전체의 흐름을 스펙트럼을 통해서 보여주고, 그 흐름 속에서 사건이 어느 시대와 배경 속에서 일어났는지를 보여주는 것이 성경을 깊이 있게 이해하는 데 도움이 된다. 이 구조는 소그룹 성경공부뿐만 아니라 한 사람의 생애를 설명하고 이해하는 면에서도 효과적이다.

진행 단계

1 **주제 제시**
교사는 학생들에게 주제를 제시한다.

2 **시간 및 순서 배열하기**
학생들은 스펙트럼에 주제에 맞게 시간 및 순서를 배열한다.

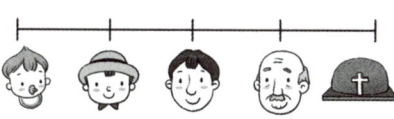

3 **시간순으로 기록하기**
학생들은 시간별로 주제에 맞는 내용을 기록한다.

4 **발표하기**
학생들은 돌아가며 자신이 작성한 스펙트럼을 보여주며 설명한다.

성경공부
적용 실제

마음열기

제목 **기다려지는 날은?**

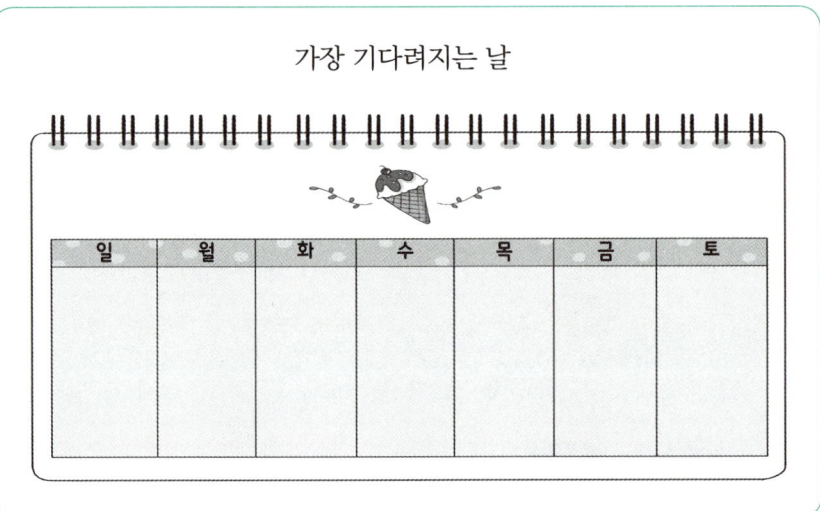

1 **주제 제기**
교사는 학생들에게 "가장 기다려지는 날이 언제인가요?"를 질문한다.

2 **시간 및 순서 배열하기**
학생들은 스펙트럼에 주일부터 토요일까지 요일을 순서대로 나열한다.

3 **시간순으로 기록하기**
학생들은 자신이 기다려지는 날이 언제인지 기록한다.

4 **발표하기**
학생들은 돌아가며 자신이 작성한 스펙트럼의 내용을 보여주며 기다려지는 날을 발표한다.

제목 **나의 인생 스토리**

성경공부
적용 실제

마음열기

지금까지 살면서 가장 힘들었던 때는 언제였으며,
무슨 일이 있었나요?

1 **주제 제기**
교사는 학생들에게 "지금까지 살면서 가장 힘들었던 때는 언제였으며, 무슨 일이 있었는지?"를 질문한다.

2 **시간 및 순서 배열하기**
학생들은 스펙트럼의 현재 부분에 지금의 나이를 기록하고, 0에서 지금의 나이 사이를 5년 단위로 나누어서 숫자를 기록한다.

3 **시간순으로 기록하기**
학생들은 스펙트럼에 기록한 나이를 확인하고 가장 힘들었던 때와 무슨 일이 있었는지를 표시한다.

4 **발표하기**
학생들은 돌아가며 자신이 작성한 스펙트럼의 내용을 보여주며 발표한다.

성경공부 적용 실제
말씀이해와 암기

제목 예수님께 어떤 일이 일어났나요?

본문 요한복음 18:1-11
중심 메시지 예수님은 메시아이십니다

- 베드로가 대제사장의 종의 오른쪽 귀를 칼로 베어 버리자 예수님은 베드로에게 "＿＿＿＿＿＿＿"라고 책망하셨다(10-11절).

- 예수님은 자신을 잡으러 온 자들에게 제자들은 ＿＿＿＿＿ 고 말씀하셨다(8절).

- 유다가 로마 군인들과 성전경비대를 데리고 예수님을 잡으러 오자 예수님이 자기에게 닥칠 일을 다 아시고 자신이 그들이 찾는 자라고 밝히셨다(3-6절).

- 예수님이 기도를 마치시고 ＿＿＿＿＿ 으로 가셨다(1절).

1 주제 제기
교사는 학생들에게 요한복음 18장 1-11절 말씀을 읽도록 한다.

2 시간 및 순서 배열하기
교사는 학생들에게 사건의 순서를 시간 순서대로 나열한 스펙트럼의 질문을 나누어준다.

3 시간순으로 기록하기
학생들은 사건의 순서에 해당되는 내용이 무엇인지 기록한다.

4 발표하기
학생들은 돌아가며 자신이 작성한 사건의 순서를 기록한 스펙트럼을 보여주며 정답을 발표한다.

제목 영적인 슬럼프가 있었나요?

본문 스바냐 3:9-20
중심 메시지 회복의 기쁨을 누리라

성경공부 적용 실제
적용과 결단

0세　　　　　　　　　　　　　　　　　＿＿＿세
　　　　　　　　　　　　　　　　　　　(현재의 나)

1 주제 제기
교사는 학생들에게 "내 인생에 영적인 슬럼프가 있었다면 그때가 언제였나요? 만약 회복할 수 있었다면 그 비결이 무엇인가요?"를 질문한다.

2 시간 및 순서 배열하기
학생들은 스펙트럼의 현재 부분에 지금의 나이를 기록하고, 0에서 지금의 나이 사이를 5년 단위로 나누어서 숫자를 기록한다.

3 시간순으로 기록하기
학생들은 자신의 영적인 슬럼프 시기가 언제였는지를 표시하고, 내용이 무엇인지를 기록한다.

4 발표하기
학생들은 돌아가며 자신이 작성한 스펙트럼을 보여주며 발표한다.

성경공부
적용 실제

적용과 결단

제목 비전 로드맵

본문 누가복음 16:1-13

중심 메시지 재물 앞에 청지기로 살아가라

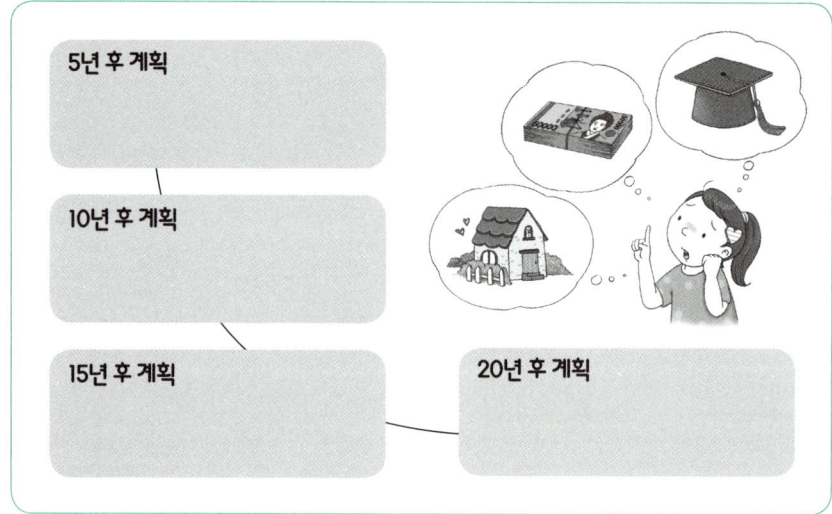

5년 후 계획

10년 후 계획

15년 후 계획

20년 후 계획

1 **주제 제기**
교사는 학생들에게 '하나님 앞에서 청지기로 살아가기 위해 준비해야 할 미래의 계획은 무엇인가?'를 생각해보도록 한다.

2 **시간 및 순서 배열하기**
학생들은 주어진 5년 단위의 미래를 배열한 스펙트럼을 보면서 5년 단위로 무엇을 계획하고 실천해야 할지를 정리해본다.

3 **시간순으로 기록하기**
학생들은 주어진 5년 단위 시간의 스펙트럼에 자신의 계획을 기록한다.

4 **발표하기**
학생들은 돌아가며 자신이 작성한 스펙트럼을 보여주며 발표한다.

21) 양팔저울

양팔저울 구조는 두 가지 단어를 비교하여 그 중요성의 비중을 측정할 때 유용하게 사용된다. 이 구조는 양쪽의 무게로 평형 관계를 이용한 저울이다. 쇠로 만든 수평봉 양측에 세 가닥의 줄로 맨 놋쇠 접시를 달았고, 수평봉 중앙은 상하로 저울이 평형을 이루도록 고정되어 있다. 그 위의 둥근 고리에는 수평봉의 수평상태를 가늠하게 해주는 침정(針釘)이 달려 있어서 저울의 수평상태를 쉽게 파악할 수 있다.

이러한 형태를 갖추고 있는 양팔저울은 두 항목을 시각적으로 비교하여 한눈에 볼 수 있기 때문에 무엇이 더욱 중요한지에 대한 메시지 전달에 효과적이다.

진행 단계

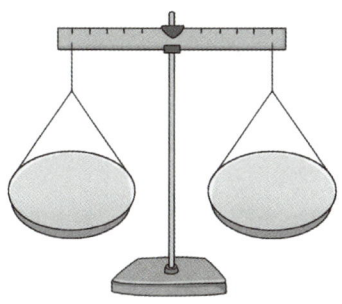

1 **양팔저울 제시**
교사는 양팔저울 그림을 학생들에게 나누어준다.

2 **주제 제시**
교사는 학생들에게 비교할 대상을 이야기하고 양팔저울 좌우측에 기록하게 한다.

3 **생각하기**
학생들은 두 가지 비교대상의 개념과 중요성을 생각한다.

4 **기록하기**
학생들은 자신의 양팔저울에 생각한 단어들을 기록한다.

5 **중요도 발표하기**
학생들은 양팔저울에 기록한 내용과 저울이 왼쪽과 오른쪽 중에서 어느 쪽으로 더 많이 기울어지는지 돌아가며 발표한다.

성경공부
적용 실제

마음열기

제목 손과 발의 역할

손
물건을 든다.
박수를 친다.

발
뛸 수 있다.
냄새 난다.

1 **양팔저울 제시**
교사는 양팔저울 그림을 학생들에게 나누어준다.

2 **주제 제시**
교사는 학생들에게 양팔저울의 왼쪽에는 손, 오른쪽에는 발을 기록하게 한다.

3 **생각하기**
교사는 학생들에게 손과 발의 역할에 대해 생각해보도록 한다.

4 **기록하기**
학생들은 자신의 양팔저울에 손과 발의 역할에 대해 기록한다.

5 **중요도 발표하기**
학생들은 양팔저울에 기록한 손과 발의 역할에 대해 작성한 내용을 소개하고 어느 쪽으로 더 많이 기울어지는지 돌아가며 발표한다. 한 쪽으로 많이 기울어질수록 그 역할이 많은 것을 알게 된다.

제목 급해요 & 중요해요

본문 요한복음 2:1-12
중심 메시지 필요를 채우시는 하나님을 믿으라

성경공부 적용 실제
적용과 결단

1 **양팔저울 제시**
  교사는 양팔저울 그림을 학생들에게 나누어준다.

2 **주제 제시**
  교사는 학생들에게 우리의 기도제목은 급한 것과 중요한 것으로 크게 나눌 수 있음을 이야기한다.

3 **생각하기**
  교사는 학생들에게 자신에게 급한 기도제목과 중요한 기도제목이 무엇이 있는지 생각해보도록 한다.

4 **기록하기**
  학생들은 자신의 양팔저울에 급하고 중요한 기도의 제목을 기록한다.

5 **중요도 발표하기**
  학생들은 양팔저울에 기록한 급하고 중요한 기도의 제목에 대해 작성한 내용을 소개하고 어느 쪽으로 더 많이 기울어지는지 돌아가며 발표한다.

22) 홀쭉이 질문, 뚱뚱이 질문

홀쭉이 질문과 뚱뚱이 질문은 두 가지 유형의 질문 곧 단답형 질문과 개방형 질문을 알려준다. 홀쭉이 질문 곧 단답형 질문은 간략한 답을 구하는 질문법이고, 뚱뚱이 질문 곧 개방형 질문은 답을 상세히 작성하도록 하는 질문법이다.

좋은 질문은 사람을 변화시키는 힘이 있다. 아울러 지금까지 생각해보지 않았던 것을 생각하게 만들고 새로운 깨달음을 얻게 한다. 그러므로 소그룹에서 학생들은 실제로 두 가지 형태의 질문을 만들어봄으로써 내용을 깊게 이해할 뿐만 아니라 주어진 질문에 대한 답변을 생각해봄으로써 다양한 아이디어와 적용점을 찾게 된다.

진행 단계

1 **질문 만들기**
교사는 학생들에게 질문 주제를 나누어주고 홀쭉이 질문과 뚱뚱이 질문을 작성하도록 한다. (교사가 홀쭉이 질문과 뚱뚱이 질문을 미리 작성해서 나누어줄 수도 있다.)

2 **질문에 답하기**
학생들은 돌아가며 작성한 질문을 말하고, 같은 모둠의 학생들이 서로 질문에 답을 하게 한다.

3 **기록하기**
돌아가며 발표한 질문과 대답을 질문표에 기록한다.

성경공부 적용 실제
말씀이해와 암기

제목 기드온에 대해 알고 싶다

본문 사사기 6:11-40
중심 메시지 약하고 작은 자를 들어 쓰시는 하나님의 권능을 믿으라

약하고 작은 자를 큰 용사로 부르세요.

1 기드온의 아버지는 누구인가요? _____
2 여호와의 사자는 기드온을 무엇이라고 불렀나요? _____

1 왜 기드온은 밀을 포도주틀에서 타작하였나요?
_____
2 여호와의 사자가 기드온을 보고 큰 용사라고 했을 때 기드온은 어떻게 반응했나요?
_____
3 이스라엘을 구원할 자라는 것을 확신하기 위해 기드온이 요구했던 것은 무엇인가요?
_____

1 질문표 나누기
교사는 학생들에게 사사기 6장 11-40절을 중심으로 작성된 홀쭉이 질문과 뚱뚱이 질문표를 나누어준다. (학생들이 추가로 질문을 작성할 수도 있다.)

2 정답 작성하기
학생들은 홀쭉이 질문과 뚱뚱이 질문의 답을 기록한다.

3 질문에 답하기
학생들은 돌아가며 작성한 정답을 발표한다. (학생들이 추가로 작성한 질문이 있다면, 모둠원들에게 추가로 묻고 답변을 요구할 수 있다.)

4 기록하기
서로 돌아가며 발표한 질문과 대답을 학생들 각자의 질문표에 기록한다.

제목 나의 기도생활

본문 사무엘상 1장
중심 메시지 기도응답을 믿으라

성경공부 적용 실제
적용과 결단

홀쭉이 질문
- 요즘 나의 기도 제목은 무엇인가요?
  _____
- 나는 어디에서 주로 기도하나요?
  _____
- 나는 언제 기도하나요?
  _____

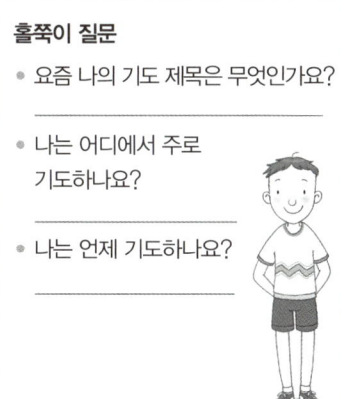

뚱뚱이 질문
- 나의 기도가 응답되지 않는 이유는 무엇일까요?
  _____
  _____
  _____
  _____
  _____

1 질문표 나누기
교사는 학생들에게 사무엘상 1장 본문을 중심으로 작성된 홀쭉이 질문과 뚱뚱이 질문표를 나누어준다. (학생들이 추가로 질문을 작성할 수도 있다.)

2 정답 작성하기
학생들은 홀쭉이 질문과 뚱뚱이 질문의 답을 기록한다.

3 질문에 답하기
학생들은 돌아가며 작성한 정답을 발표한다. (학생들이 추가로 작성한 질문이 있다면, 모둠원들에게 추가로 묻고 답변을 요구할 수 있다.)

4 기록하기
서로 돌아가며 발표한 질문과 대답을 학생들 각자의 질문표에 기록한다.

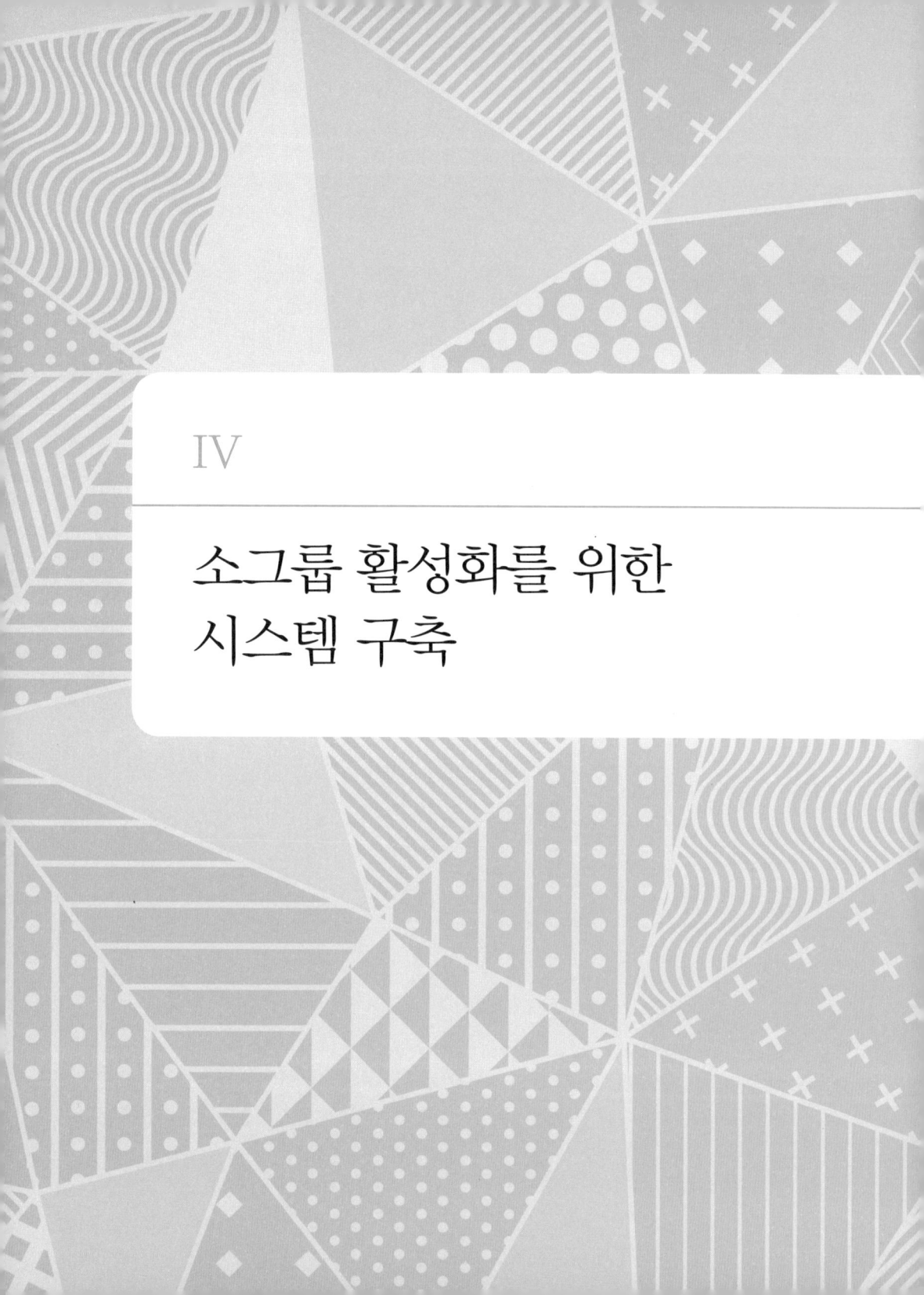

IV

소그룹 활성화를 위한 시스템 구축

주일학교 교육의 효과는 교육행위와 관계된 여러 가지 요소들, 즉 교사, 학생, 내용, 환경에 의하여 결정된다. 그러나 각 요소들이 동일한 영향을 갖고 교육의 효과를 결정짓는 것은 아니다. 같은 교재를 가지고 교육한다 하더라도 어떤 교사가 교육하느냐에 따라 교육효과가 달라진다. 교사에 따라 학습동기가 유발될 수도 있고, 그렇지 않을 수도 있다. 교육에 참여하는 학생도 마찬가지이다. 학생들이 어떤 마음가짐으로 교육에 참여하는가에 따라 교육효과가 달라진다. 학생들의 학습 준비상태도 중요한 요인이 된다. 학생들이 얼마만큼 훈련되어 있느냐는 학습의 효과와 결과에 큰 영향을 미치게 된다. 그러므로 교육을 통하여 교사의 질을 높이고 교사를 지원하는 과정이 체계적일 때 교육의 효과도 높아질 수 있다. 아울러 학생들을 어떤 교육과정을 가지고 훈련할 것인가도 중요한 요인이 될 것이다.

한국교회는 이처럼 교사와 교사교육의 중요성을 인지하고 있으며, 학생들의 양육과 훈련에도 관심을 가지고 있다. 교회마다 주일학교 성장을 꿈꾸며 여러 가지 프로그램을 도입하여 시행하고 교사교육과 학생훈련을 위한 다양한 기회를 제공하려 한다. 그럼에도 불구하고 교사들은 왜 그렇게 자주 신앙과 열정을 잃어버리고 교사 직분을 힘들어 하며 연말이 되면 교사직을 포기하고 그만두려 하는가? 학생들은 그토록 오랫동안 주일학교에서 성경을 배움에도 왜 그들의 삶에 변화가 없는가?

여기에는 교사에 대한 인식 부족과 아울러 현재 이들이 가르치고 있는 주일학교의 학습자에 대한 이해 부족, 더 나아가 주일학교 교육을 위한 체계적인 시스템을 교회가 가지고 있지 않기 때문이다.

따라서 교사와 학생들을 체계적으로 세우는 것이 필요하다. 그리고 협동적 환경 속에서 교사들과 학생들에 의해 경험된 지식들이 주일학교 소그룹 현장에서 적용될 수 있어야 한다. 주일학교 현장에 협동학습을 적용한 소그룹 교재를 제공하고 수업가이드를 제공했다 하더라도, 새로운 지식을 습득하고 이를 지속적으로 유지 발전시키기 위한 체계적인 시스템이 제공되지 않는다면 효과적인 소그룹 활동을 기대하기 어렵다.

주일학교를 지속적으로 성장시키기 위해서는 주일학교의 상황에 맞는 교육시스템 수립이 필수적이다. 먼저 여기서는 소그룹 활성화를 위한 중요한 시스템을 소개하고자 한다.

삼각형 시스템

오랫동안 주일학교 교사훈련을 감당하면서 느꼈던 문제점 중에 하나는 아무리 좋은 훈련과 콘텐츠를 제공한다고 해도, 마음에 와닿았던 그 내용이 지속적으로 주일학교 부서 안에 유지되지 않는다는 점이었다. 이를 통해 시스템의 중요성을 절감하게 되었다. 즉 전하고자 하는 내용이 그 주일학교 부서 안에 지속되려면 내용을 감싸고 있는 환경이 더욱 중요하다는 사실이다. 따라서 소그룹 말씀교육의 지속적인 유지를 위한 환경인 삼각형 시스템(참고: 권진하 박사학위 논문)을 소개하면 다음과 같다.

소그룹 모임의 활성화를 위해 삼각형 시스템 구축이 필수적이다.

삼각형의 핵심축은 교사, 리더, 학생이다. 이들이 바로 훈련받고 성장하도록 사역자는 지속적인 관심과 훈련을 병행해야 한다.

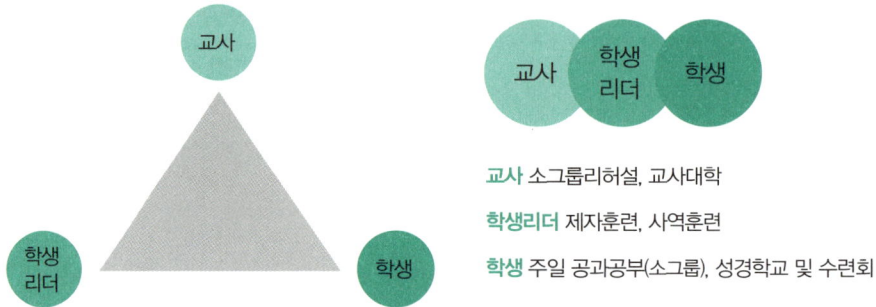

그림 소그룹 정착을 위한 삼각형 시스템

1) 교사 양육

소그룹을 세우는 삼각형의 맨 위에는 교사가 존재한다. 그만큼 교사는 소그룹의 핵심적인 역할을 감당해야 한다. 하나님의 말씀을 강력하게 전해야 하며, 이것이 가능하도록 양육을 받아야 한다.

교사의 양육을 성공적으로 하기 위해서 현재의 한국 상황에서 주중 모임을 통해 양육을 시도하기는 너무나 힘들다. 따라서 주일에 이루어지는 교사 모임을 통해서 이루어져야 하기 때문에 회의보다는 양육을 통해 교사를 훈련시켜야 한다. 즉 매주 다음주 소그룹에서 가르칠 하나님의 말씀을 교사 자신이 읽고 묵상하고 나아가 자신의 삶 속에서 적용하는 것이 필요하다.

이를 위해, 주일학교 부서별로 '소그룹리허설'을 실시해야 한다. 한 주 전에 이루어지는 '소그룹리허설'은 교사 자신에게 협동학습으로 이루어지는 소그룹 사역에 자신감을 갖게 할 뿐만 아니라 학생들에게 가르치기 전에 자신에게 하나님의 말씀이 적용됨으로 다음주에 학생들과 만나는 소그룹의 현장에서 풍성한 말씀 나눔을 가능하게 한다. 아울러 학생들에게 살아있는 하나님의 말씀의 능력을 전할 수 있다.

2) 학생리더 양육

소그룹을 세우는 삼각형의 두 번째 축에는 학생리더가 존재한다. 리더는 소그룹에서 리더로 섬길 수 있는 능력이 있거나 혹은 리더로 양육할 필요가 있는 학생들을 세운다.

리더를 세우는 목적은 소그룹에서 교사와의 동역을 통해 교사의 사역을 분담하며, 더 나아가 학생들과의 원활한 의사소통을 위함이다. 그러나 리더를 임명한다고 해서 누구나 그 역할을 잘 감당할 수 있는 것은 아니다. 리더가 책임감을 가지고 사역에 적극적으로 임할 수 있도록 각 부서의 담당 사역자는 리더를 훈련하고 세우는 양육 프로그램을 진행해야 한다.

매주일 20-30분 간 진행되는 공과공부를 통해서 강력한 다음세대를 세우기에는 한계가 있다. 따라서 주일학교는 다음세대를 세우는 체계적인 양육프로그램도 반드시 운영해야 한다. 여기에는 Q.T. 훈련과 제자훈련 등을 통해 말씀으로 무장한 강력한 다음세대를 세워나가야 한다. 이렇게 말씀으로 무장한 학생들은 각 반의 리더 역할을 맡게 된다. 또한 이들이 소그룹 나눔시간에 주도적으로 참여함으로써 소그룹에서 나누는 내용을 향상시켜주고, 참여한 모든 학생들에게 소그룹에 대한 기대치를 높여줄 것이다.

3) 학생 양육

소그룹에 속한 학생들은 주일에 이루어지는 20분 전후의 '공과 소그룹'이 양육의 전부일 수밖에 없다. 비록 시간은 적지만 그렇기에 이를 소홀히 할 수는 없다. 소그룹은 학생들의 한 주간의 영적인 양식이 되는 시간이다. 주일학교는 절기를 제외하고는 성경공부를 위한 소그룹시간을 반드시 진행해야 하며, 부서 사역자와 교사도 공과 소그룹 준비에 전력을 다해야 한다. 또한 성경학교와 수련회를 통한 집중적인 신앙지도가 병행되어야 한다. 각 반에 '소그룹리허설'을 통해 매주 하나님의 말씀을 경험하는 교사가 있고, 매일 자신의 영적성장을 위해 경건생활을 꾸준히 이어가는 리더가 있다면, 그 반에 속한 학생들은 그 자리에 함께 있기만 해도 강한 영적 영향력을 받을 수 있으리라 믿는다.

2 체계적 양육시스템

주일학교의 건강한 성장을 위해서는 각 연령별로 체계적인 교육과정이 요구된다. 교육과정이란 영적인 성장을 이루기 위해 잘 따라야 할 지도 역할을 한다. 영적인 성장 과정에서 자신이 현재 어느 지점에 있는지를 알게 될 때, 학생들은 도전을 받고 다시 발걸음을 내딛게 되며, 다음 단계까지 신앙을 끌어올려 줄 교육과정에 참여하게 된다. 따라서 주일학교는 체계적인 교육과정을 수립하여야 한다.

1) 정착터

정착터는 4단계로 구성된 교육과정 가운데 첫 번째 단계이다. 이 과정에서는 구원의 기초를 다룬다. 정착터는 새신자들이 복음의 핵심진리를 배움

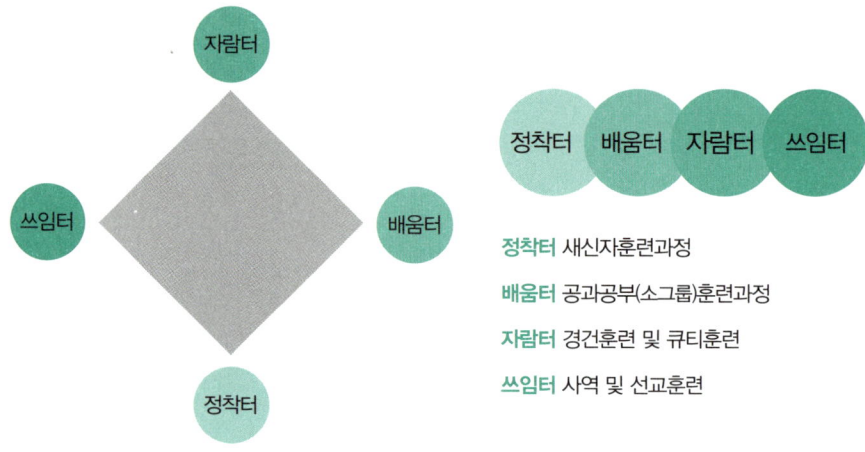

그림 체계적 양육을 위한 시스템

으로 부서에 등록해서 신앙생활을 시작할 수 있는 수준의 단계로 들어가는 공식적인 통로로 개설된 과정이다.

2) 배움터

배움터는 학생들의 신앙을 성숙시키기 위해 소그룹 안에서 하나님의 말씀을 알고, 그 말씀을 삶 속에서 적용하기 위해 훈련받는다. 아울러 성경학교나 수련회 등을 통해 학생들에게 헌신과 비전을 요구한다. 배움터는 부서에 등록된 학생들이 교회에 잘 정착하여 신앙이 자라가도록 돕는다.

3) 자람터

자람터는 학생들이 하나님이 주신 영적인 은사, 능력, 특성 발견을 통해 자신들을 다듬어 가시는 하나님의 손길을 느끼게 된다. 매일의 삶 속에서 경건을 훈련하게 되며, 제자훈련을 통해 헌신된 학생으로 서게 된다. 이 과정은 소그룹의 리더로 세워지기 위한 필수과정이다.

4) 쓰임터

쓰임터는 교육과정의 마지막 단계로 학생들에게 세상 사람들과 다르게 살아가는 소명을 발견하게 하며, 아울러 그리스도인 리더로서 열방 가운데 하나님의 복음을 전파하는 핵심 사역자로 세워지게 된다. 이 과정을 마치면 해외 비전여행에 헌신할 수 있는 기회를 줘도 좋다.

주일에 진행되는 20-30분의 공과공부로는 다음세대를 양육하기에 절대적으로 부족하다. 따라서 주일학교는 부서별로 별도의 4단계 교육과정(정착터, 배움터, 자람터, 쓰임터)을 체계적으로 수립하여 다음세대를 강한 예수님의 제자로 세워야 한다.

건강한 주일학교를 세우는 소그룹리허설

어느 사역자가 주일학교의 침체를 걱정하면서 필자에게 이런 말을 한 적이 있다. 그 사역자가 섬기는 교회의 주일학교 교사 중에 많은 분들이 10년 이상 장기사역을 하셨다고 한다. 그런데 그래서인지 대체로 교사훈련이나 교사강습회 같은 모임에 잘 참석하지 않는다는 것이다. 그 이유를 물으면 거의 한결같이 이렇게 답한다는 것이다. "목사님, 저는 다 압니다."

물론 지식적 측면에서는 얼마든지 '안다'고 이야기할 수 있다. 같은 부서, 같은 학년을 오랫동안 가르쳐 왔다면, 같은 본문의 내용을 10여 년 넘게 가르친 것이다.

그러나 하나님이 말씀을 주신 것은 결코 아이들에게 이 본문의 내용을 전달하라고 주신 것만은 아니다. 사실 하나님은 교사들에게 먼저 말씀하고 싶으신 것이다.

혹시 교사들이 가르치려고만 그 교재 내용을 살펴보고 있지는 않은가? 학생용 교재는 아예 가지고 있지도 않고, 교사용 지도안만 보는 교사들이 많은 안타까운 현실이다. 내가 먼저 하나님의 말씀을 대하고 그 말씀으로 은혜받지 못하면 그 내용을 가르칠 때 학생들 앞에서 고개를 들지 못할 것이다.

'안다'라고 할 때는 내가 그 말씀대로 살고 있다고 자신 있게 말할 수 있어야 한다. 다른 한편 교사들이 "목사님, 저는 압니다"라는 말을 할 때 그들의 깊은 마음을 들여다보면, 이미 많은 사역으로 인해 지쳐 있고, 마음의 여유도 없고, 나아가 교사로서의 행복도 느끼지 못하고 있음을 알게 된다.

실제로 주일학교 현장을 탐방해보면, 주일 공과공부 교재를 준비하는 면에서도 오늘 가르칠 공과 말씀 연구와 삶의 적용에 대해 스스로 묵상하고, 교재에 정리해서 참석하는 교사는 둘 중에 한 명 정도밖에 되지 않는다.

교사들이 이렇게 영적으로 지쳐 있다면, 그들의 가르침을 받는 학생들 역시 교사에게 좋은 영향을 받기가 어렵다. 우리의 다음세대가 하나님의 말씀으로 건강하게 자라기 위해서는 기본적으로 하나님의 말씀으로 날마다 행복을 경험하는 교사가 반드시 세워져야 한다.

이를 위해, 교회마다 이루어지는 주일 교사모임의 형식이 변화되기를 기대한다. 교사모임 안에서 하나님의 은혜를 경험하고, 영적인 충전을 받는 모임이 되어야 한다. 필자는 이러한 모임을 '소그룹리허설'이라고 이름 붙였다.

회의를 위한 회의보다는 교사들의 어려움과 기도제목을 함께 나누는,

그리고 학생들 앞에서 말씀을 가르치기 최소 한 주 전에 공과공부 교재의 내용을 읽고, 교사가 먼저 자신의 삶에 적용하는 시간을 꼭 가져야 한다. 왜냐하면 소그룹은 소그룹을 경험한 사람만이 이끌 수 있기 때문이다. 소그룹리허설은 교사 자신에게는 말씀의 은혜와 영적인 충만을 공급받는 기회가 될 것이고, 자신이 경험한 말씀의 은혜와 능력을 학생들에게 강력하게 전함으로써 다음세대에게 하나님의 말씀으로 행복을 나누어주게 될 것이다. 이러할 때 또한 교사는 주일 공과공부 시간을 넘어서서 주중에도 지속적으로 학생들을 목양할 수 있는 힘을 얻게 될 것이다.

나가며

> 내 아들아 그러므로 너는 그리스도 예수 안에 있는 은혜 가운데서 강하고 또 네가 많은 증인 앞에서 내게 들은 바를 충성된 사람들에게 부탁하라 그들이 또 다른 사람들을 가르칠 수 있으리라 (딤후 2:1-2)

오늘날 주일학교는 교육의 침체기를 걷고 있다. 실제적으로 현장 관찰과 사역자 면담을 통해 이러한 부분들을 구체적으로 파악할 수 있었다. 갈수록 주일학교 학생 수가 줄어들고 있다. 물론 출산율 저하에 따른 자연적인 감소라고 이야기할 수도 있지만, 문제의 중심에 교회교육의 위기가 있다. 준비되지 않은 교사, 나눔을 통해 다음세대에게 하나님의 말씀을 강력하게 경험시키지 못하는 소그룹은 한국교회의 위기를 더욱 가중시킬 것이다. 이러한 위기를 벗어나기 위해서라도 주일학교의 반목회와 소그룹 방법에 새로운 시스템을 적용하는 변화가 필요하다.

먼저 교사는 영적 부모의 마음으로 학생들을 돌보아야 한다. 나에게 맡겨진 아이들을 내 자녀라고 생각하고 관심과 기도로 양육해야 한다. 또한 가르치기에 앞서 교사 자신이 먼저 배우는 자리에 있어야 한다. 즉 하나님의 말씀이 선포되는 자리에는 반드시 그 자리를 지켜야 하는 것이다. 이렇게 교사 스스로가 준비되었을 때 협동학습의 구조들이 소그룹에서 잘 녹아들어 사용될 것이다.

다음세대가 우리 교회의 미래이고 나아가 한국교회의 미래임을 기억하고 이들을 체계적으로 양육할 수 있는 시스템을 갖추는 데 온 교회가 집중해야 할 것이다. 왜냐하면 이렇게 하나님의 말씀으로 건강하게 자란 우리의 다음세대가 앞으로 5년, 10년, 20년 후에 우리 교회의 집사님이 되고, 권사님이 되고, 장로님이 될 것이기 때문이다.

참고자료

1. 박정훈·권진하 외(2001). 교회협동학습II. 서울: 예찬사
2. 권진하 외(2008). 꿈이 자라는 교육공동체 세우기. 서울: 교회교육훈련개발원
3. 권진하(2002). 인물편 공과 King 다윗. 서울: 예찬사
4. 정문성·김동일 공저(1998), 열린교육을 위한 협동학습의 이론과 실제, 서울: 형설출판사
5. 정문성(2002). 열린교육을 위한 협동학습의 이론과 실제. 서울:형설출판사
6. 스펜서 케이건 저(1999). 협동학습. 서울: 디모데
7. 권진하(2010). 주일학교 교사 지원을 위한 블렌디드 협동학습 시스템 개발 및 적용. 박사학위 논문, 숭실대학교.

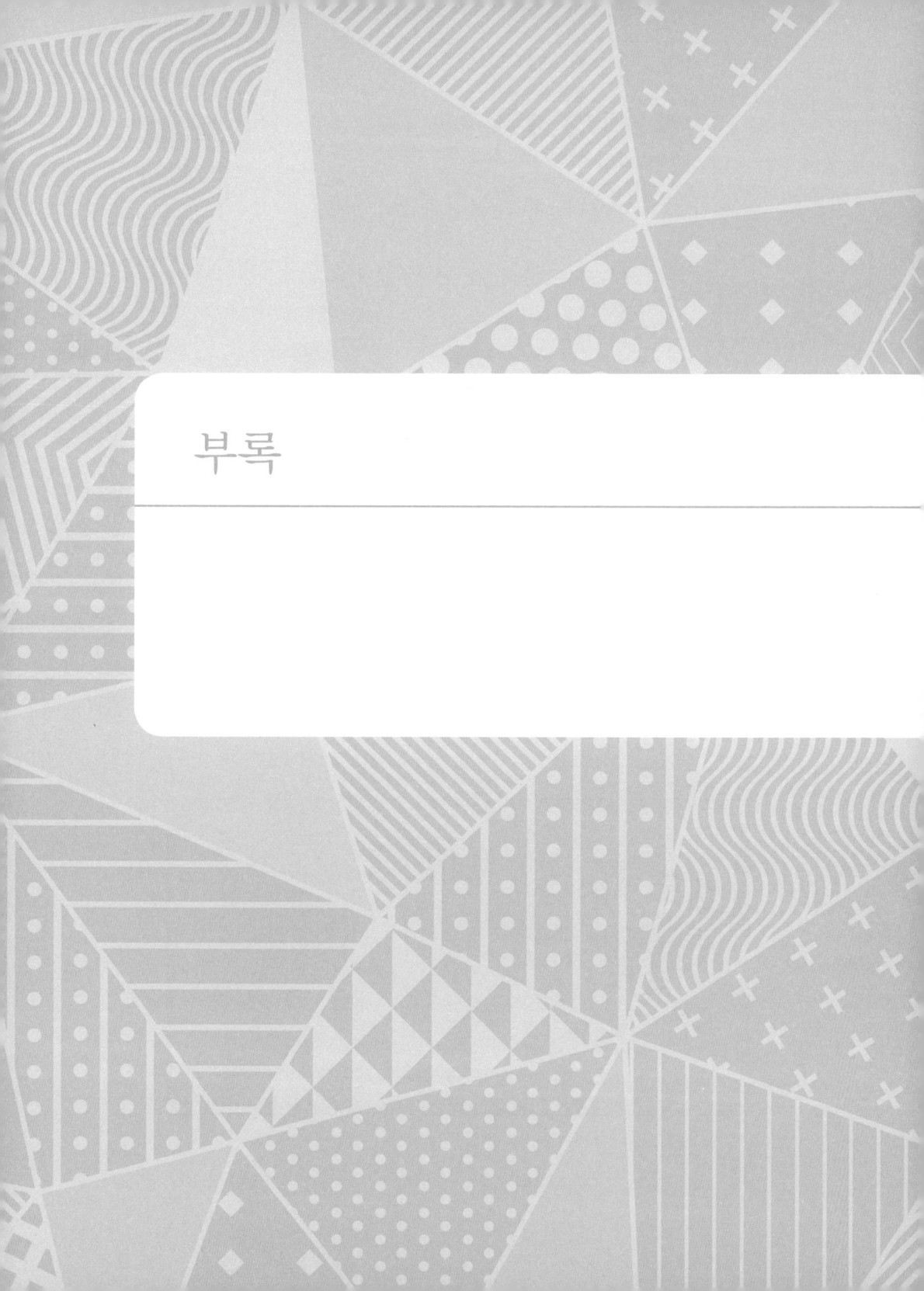
부록

제목 **만약 아르바이트를 해서 돈이 생긴다면?**  본문 54쪽

만약 아르바이트를 해서 돈이 생긴다면
[　　　　　　　　　　　　　]을(를) 사고 싶다.

제목 **부모님께 드리고 싶은 효도쿠폰**  본문 55쪽

제목 사랑이란?  본문 56쪽

사랑이란 _____ 이다.

제목 예수님의 십자가는?  본문 57쪽

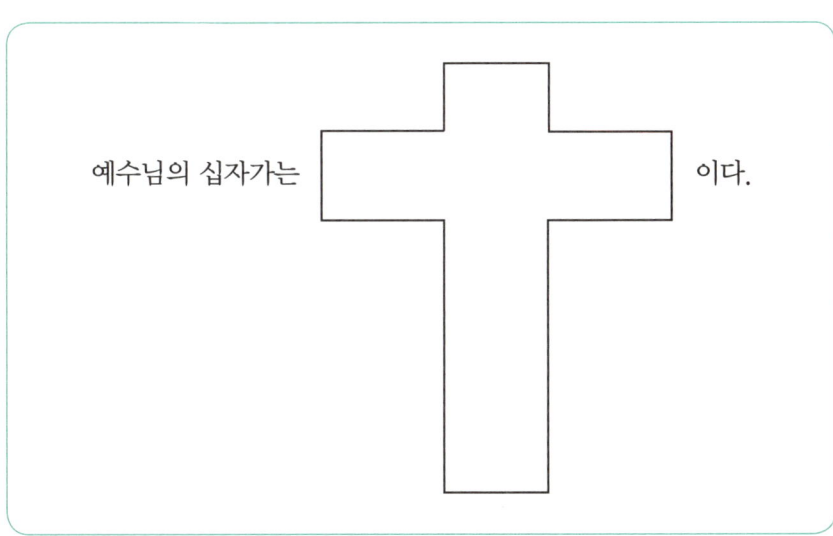

예수님의 십자가는 _____ 이다.

제목 예수님은 나에게 어떤 분이신가?  본문 58쪽

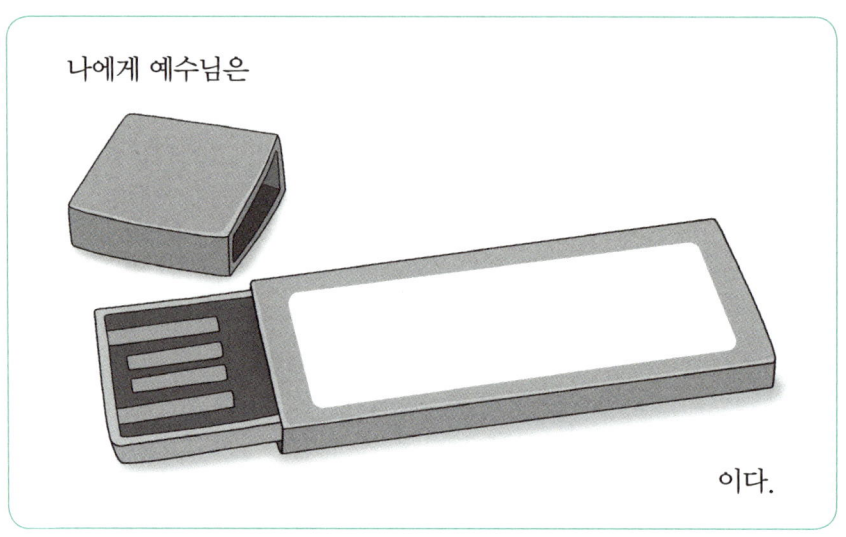

나에게 예수님은 _____ 이다.

제목 약함을 자랑하라  본문 59쪽

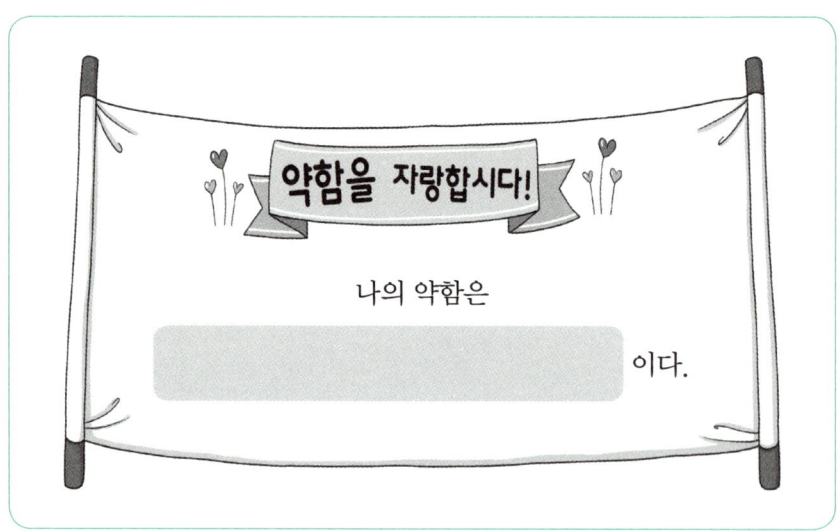

약함을 자랑합시다!

나의 약함은 _____ 이다.

제목 채워주시는 하나님  본문 60쪽

을(를) 채워주세요.

제목 나를 소개합니다  본문 64쪽

앞면	이름	가족	여행	취미	가수	과목	기념일	음식
뒷면	권진하	아내, 딸 둘	이탈리아	영화 감상	수지	역사	11월 6일 (생일)	갈비

제목 열 재앙  본문 65쪽

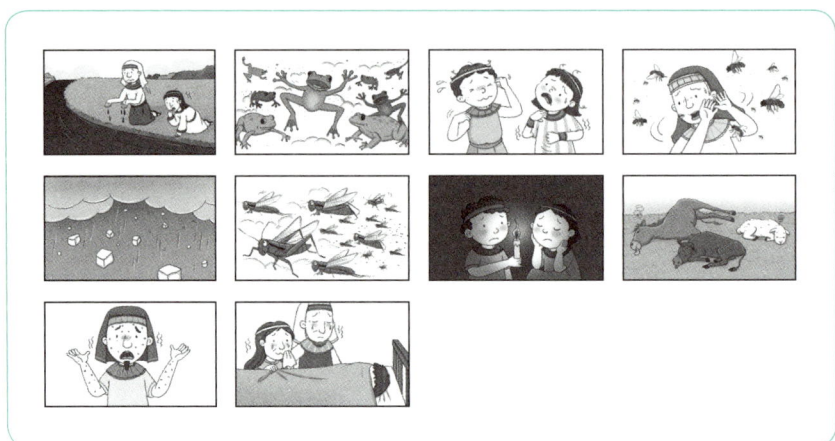

〈카드 앞면〉

피	개구리	이	파리
우박	메뚜기	흑암	가축돌림병
독종 (악성종기)	장자의 죽음		

〈카드 뒷면〉

제목 가나의 혼인잔치

본문 67쪽

〈카드 앞면〉

가나의 혼인잔치에 예수님이 초대되어 가심	예수님의 어머니가 잔칫집에 포도주가 모자란다는 말을 들음
어머니를 통해 포도주가 모자라는 것을 아신 예수님이 하인들에게 항아리에 물을 채우게 하심	하인들이 새 포도주를 연회장에 내어놓자 손님들이 그 맛을 보고 놀람

〈카드 뒷면〉

제목 하나님을 믿어요  본문 69쪽

제목 나를 소개해요 본문 72쪽

좋아하는 음식	생일
받고 싶은 선물	가고 싶은 곳

제목 모세와 여호수아    본문 73쪽

모세가 죽은 후 누가 이스라엘의 지도자가 되었나요?

하나님이 여호수아에게 명령하신 내용은?

제목 나는…   본문 76쪽

나는 _____
(자신을 잘 나타내는 정도를 색칠로 표시해보세요)

비만			마름
오래 생각하고 행동			먼저 행동하고 생각
종달새형			올빼미형
잘 듣는 사람			잘 말하는 사람

제목 **사울은 어떤 사람인가?**  본문 77쪽

사울이 어떤 사람인지 알아보세요.

항목	왼쪽	오른쪽
지파의 크기	작다	크다
얼굴	못생겼다	잘생겼다
키	작다	크다
겸손함	교만함	겸손함
책임감	약하다	강하다

제목 **신앙인의 생활점검** 본문 78쪽

평일 신앙인의 생활점검표

항목, 평가	점수				
말씀 실천	아주 나쁨 1	나쁨 2	보통 3	좋음 4	아주 좋음 5
중보기도	아주 나쁨 1	나쁨 2	보통 3	좋음 4	아주 좋음 5
복음 전도	아주 나쁨 1	나쁨 2	보통 3	좋음 4	아주 좋음 5
봉사와 섬김	아주 나쁨 1	나쁨 2	보통 3	좋음 4	아주 좋음 5

제목 사랑의 점수는? 본문 79쪽

내 생활 속에서 드러나는 사랑의 모습

- 오래 참는다.　　　　　　＿＿＿＿＿
- 친절하다.　　　　　　　　＿＿＿＿＿
- 시기하지 않는다.　　　　　＿＿＿＿＿
- 자랑하지 않는다.　　　　　＿＿＿＿＿
- 교만하지 않다.　　　　　　＿＿＿＿＿　　각 항목 5점 만점
- 자기 유익을 구하지 않는다.　＿＿＿＿＿　　결과보기
- 쉽게 성을 내지 않는다.　　　＿＿＿＿＿　　40-50점　탁월합니다
- 원한을 품지 않는다.　　　　＿＿＿＿＿　　30-39점　좋습니다
- 불의를 기뻐하지 않는다.　　＿＿＿＿＿　　20-29점　보통입니다
- 진리와 함께 기뻐한다.　　　＿＿＿＿＿　　10-19점　노력하세요
- **총점:**　　　　　　　　　＿＿＿＿＿　　0-9점　　위험합니다!

제목 하나님 사랑, 이웃 사랑 본문 80쪽

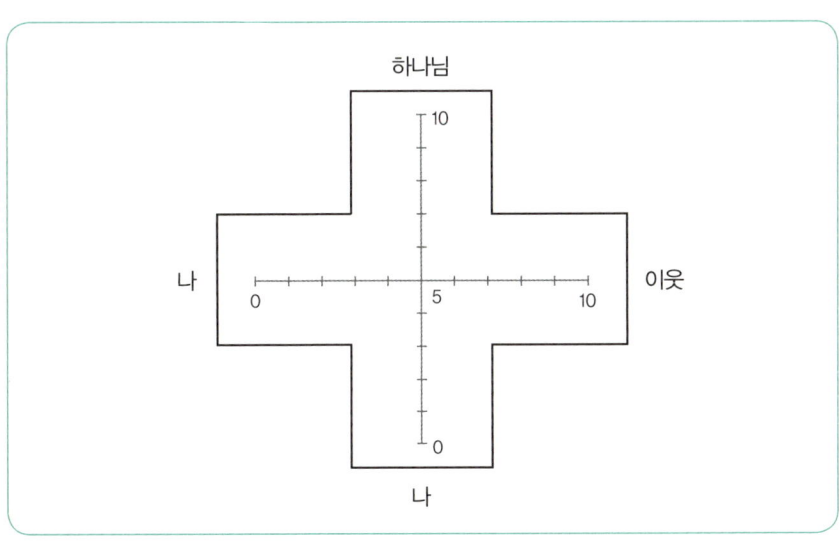

제목 **온유카페**　　　　본문 81쪽

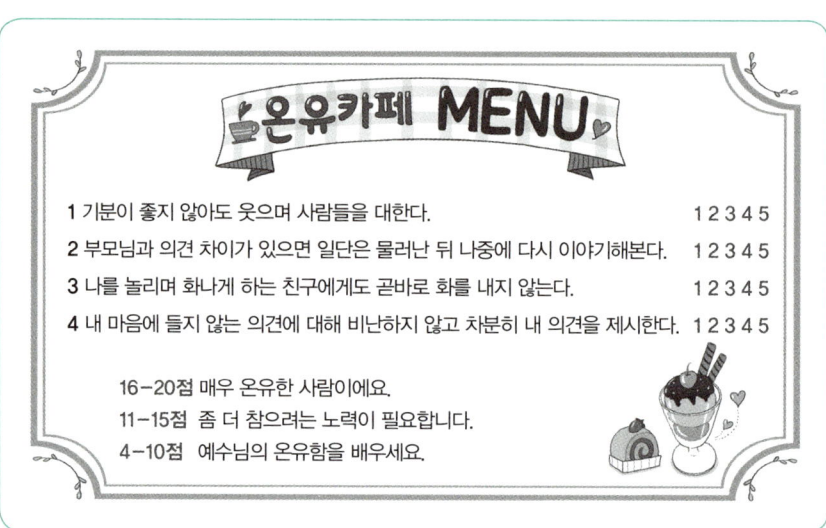

온유카페 MENU

1 기분이 좋지 않아도 웃으며 사람들을 대한다.　　　　1 2 3 4 5
2 부모님과 의견 차이가 있으면 일단은 물러난 뒤 나중에 다시 이야기해본다.　1 2 3 4 5
3 나를 놀리며 화나게 하는 친구에게도 곧바로 화를 내지 않는다.　1 2 3 4 5
4 내 마음에 들지 않는 의견에 대해 비난하지 않고 차분히 내 의견을 제시한다.　1 2 3 4 5

16-20점 매우 온유한 사람이에요.
11-15점 좀 더 참으려는 노력이 필요합니다.
4-10점 예수님의 온유함을 배우세요.

제목 **약속**　　　　본문 84쪽

이 약속, 꼭 지키고 싶다!

제목 믿음의 용사

본문 85쪽

질문

1 여호와께서 기드온에게 "너를 좇은 백성이 너무 많아 내가 그들의 손에 미디안 사람을 붙이지 않겠다"라고 하신 이유는 무엇인가요? _____

2 "누구든지 두려워서 떠는 자여든 길르앗 산에서 떠나 돌아가라" 했을 때 돌아간 사람의 숫자와 남은 사람의 숫자는 각각 얼마인가요? _____

3 돌아가지 않고 남은 자 1만 명 중에서 다시 선택하기 위해 어디로 데리고 가라고 명하셨나요? _____

4 300명은 물가에서 물을 어떻게 먹었나요? _____

5 300명 외에 나머지 사람들은 물을 어떻게 먹었나요? _____

제목 읽기 & 듣기

본문 86쪽

1 하나님을 알기 위해서는 무엇을 읽어야 할까요?
_____
_____
_____

2 형식이 아니라 진실한 마음을 원하시는 하나님을 알기 위해 우리는 한 주 동안 무엇을 들어야 할까요?
_____
_____
_____

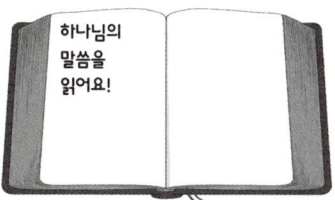

하나님의 말씀을 읽어요!

하나님의 말씀에 귀를 기울여요!

제목 나빴어!    본문 90쪽

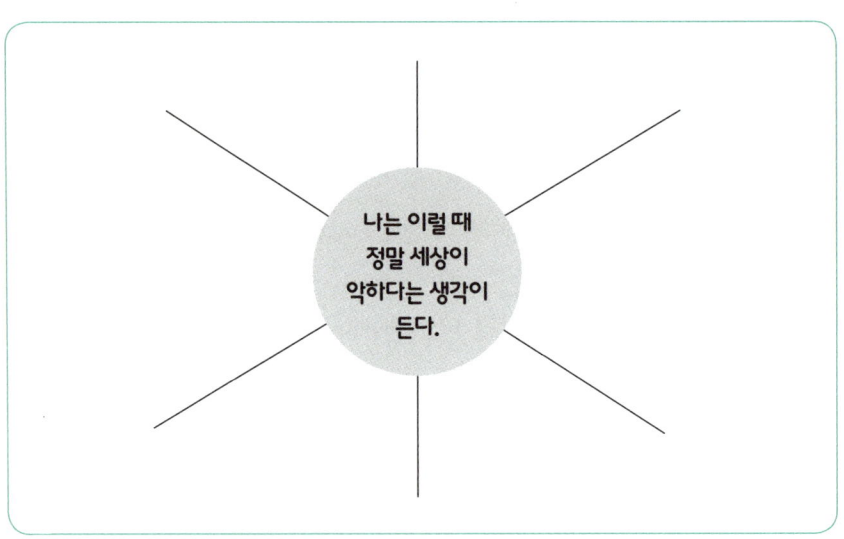

제목 내가 속한 모임들   본문 91쪽

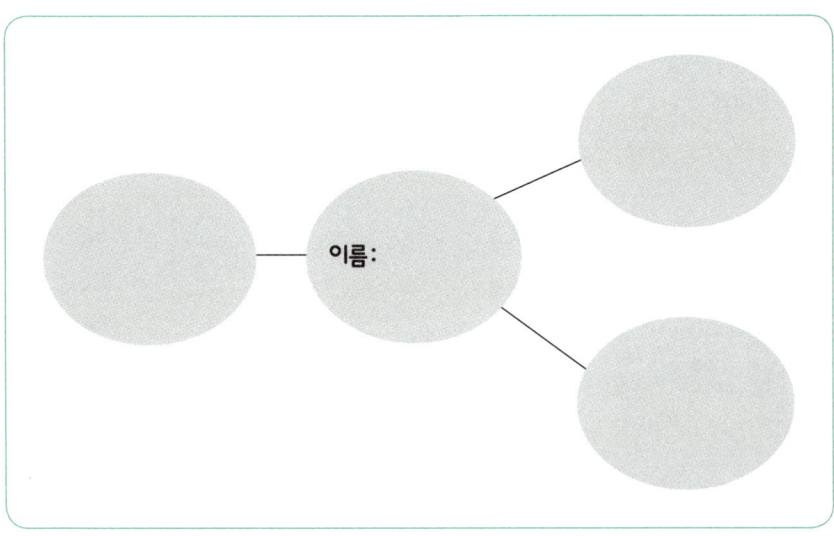

제목 용서의 복

 본문 92쪽

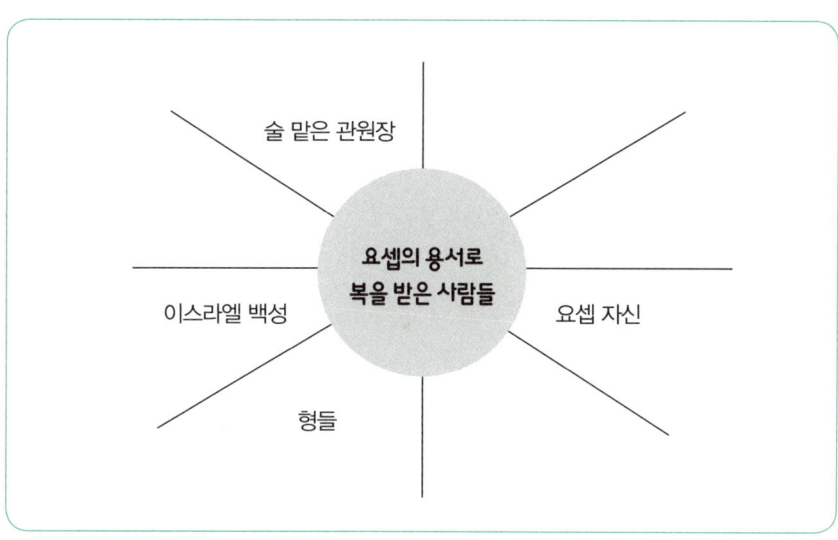

제목 용서가 필요해요

 본문 93쪽

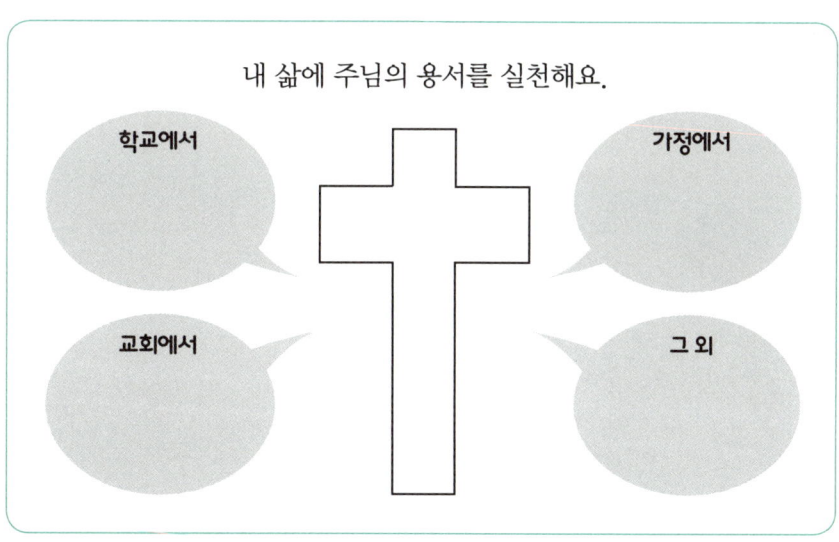

제목 나를 보호할 방패  본문 94쪽

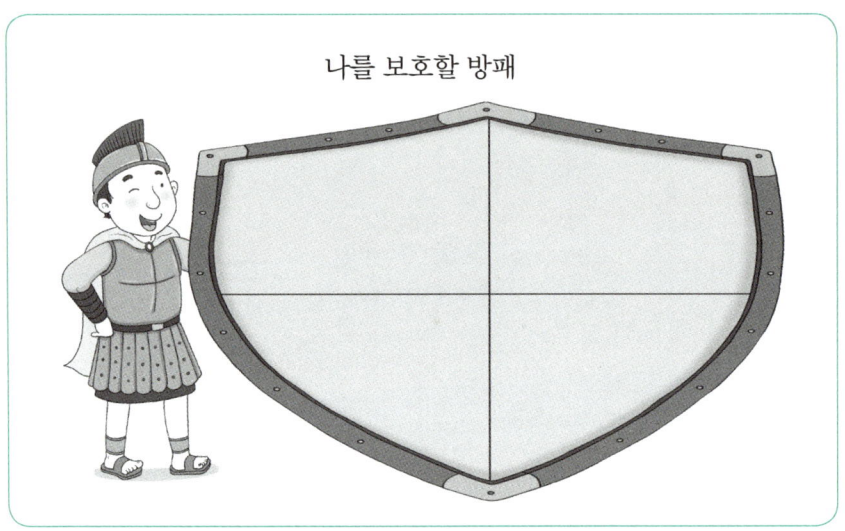

제목 경건에 힘써요  본문 95쪽

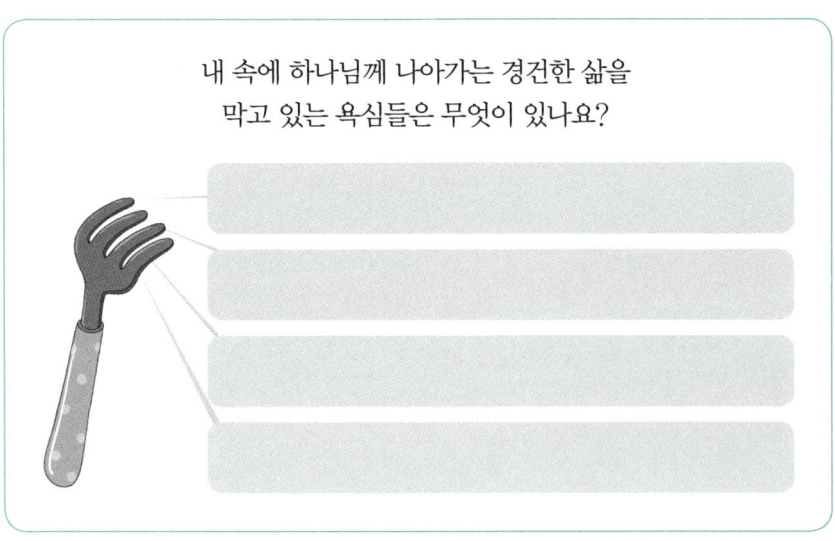

제목 모둠이름 정하기  본문 98쪽

모둠 이름

1 짱

2 피카츄

3 빅토리

4

5

제목 모둠 규칙과 벌칙  본문 99쪽

😊 모둠 규칙   모둠 벌칙 😖

모둠 규칙	모둠 벌칙
1	1
2	2
3	3
4	4

예) 예배에 지각하지 않기
　　성경책, 성경공부 교재, 필기도구 꼭 챙기기

예) 청소하기(뒷정리)

제목 새 것으로 바꾸고 싶은 것

내가 가진 오래된 물건 중에 새 것으로 바꾸고 싶은 것

제목 이럴 때 기쁘다

😊 이성친구가 이렇게 해줄 때 가장 기쁘다!

제목 중지, 새로 고침, 되돌리기  본문 104쪽

하나님 떠나면 고생이다 돌아와서 '찜' 해!

중지   새로 고침   되돌리기   홈

역시 내가 있어야 할 곳은 하나님의 품이야!

제목 무엇일까요?   본문 108쪽

여러 번 들어도 이해가 안 되는 과목   볼 수 없지만 있는 것

제목 온도를 낮춰요

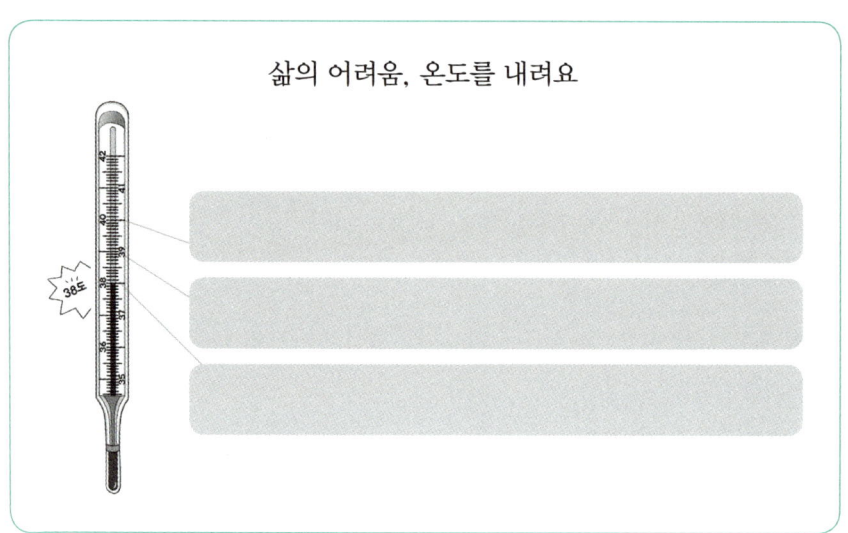

제목 용돈 지출 우선순위

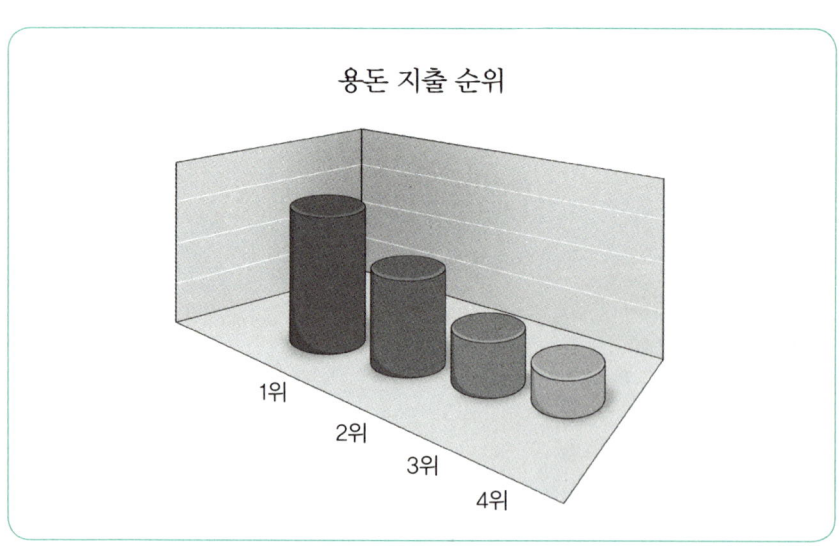

제목 휴대폰 단축번호 1-3번  본문 113쪽

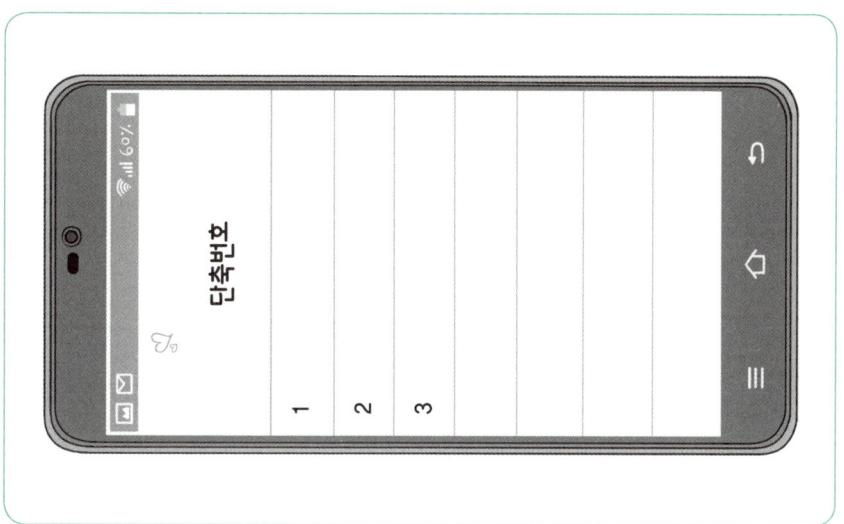

제목 얄밉다 베스트 3  본문 114쪽

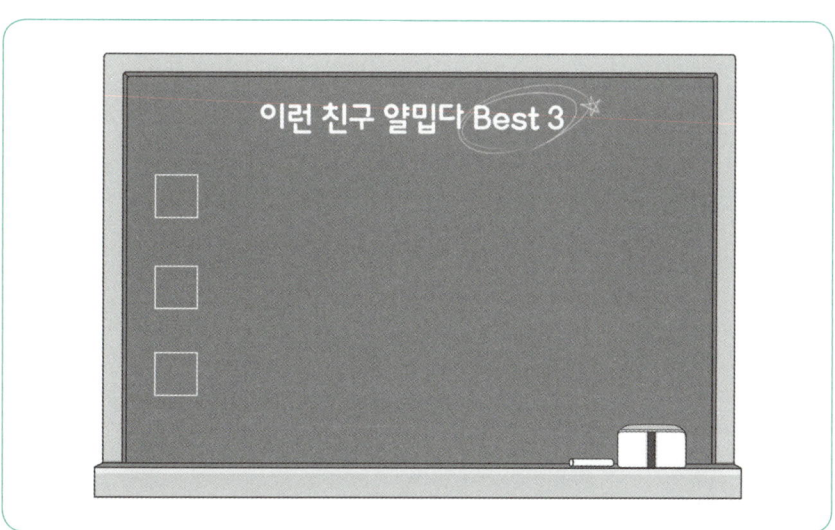

제목 깨뜨려야 할 나의 우상  본문 115쪽

제목 아! 부럽다 본문 118쪽

가장 부러운 사람

☐ 빌 게이츠

☐ 조수미

☐ 김연아

☐ 대통령

☐ 연예인

☐ _____

제목 기다려지는 문자메시지는?  본문 119쪽

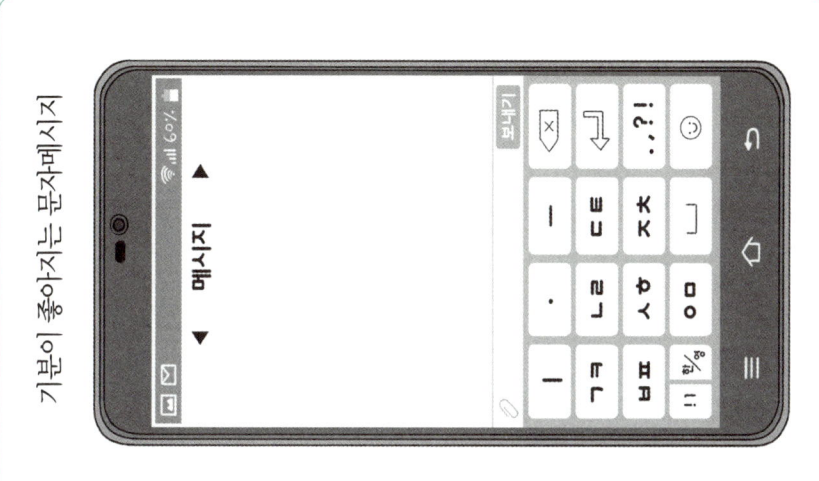

제목 두려울 때는?  본문 120쪽

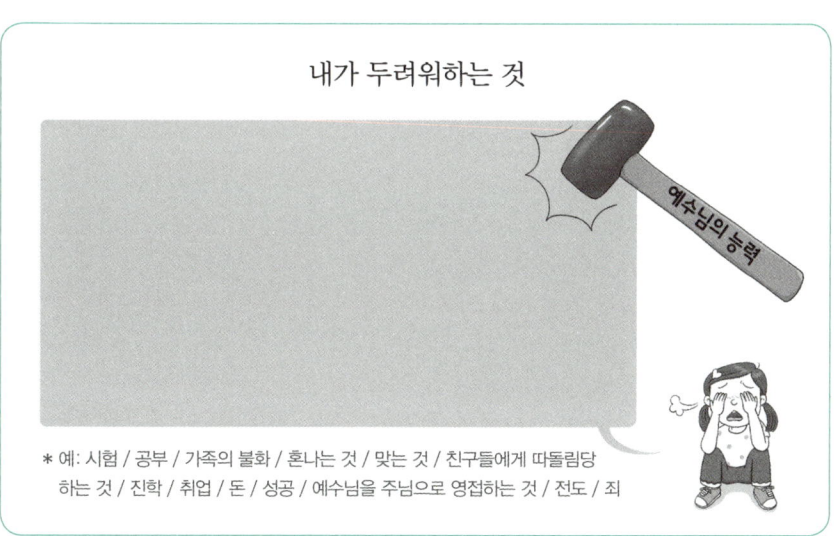

* 예: 시험 / 공부 / 가족의 불화 / 혼나는 것 / 맞는 것 / 친구들에게 따돌림당하는 것 / 진학 / 취업 / 돈 / 성공 / 예수님을 주님으로 영접하는 것 / 전도 / 죄

제목 요나에 대해 알고 싶다

본문 124쪽

- 여호와의 말씀이 두 번이나 요나에게 임했다. (○ ×)
- 요나가 이번에도 여호와의 말씀에 순종하지 않았다. (○ ×)
- 요나가 하나님의 말씀을 선포할 성읍은 큰 성 니느웨였다. (○ ×)
- 요나가 성읍에 들어가 3일 동안 40일이 지나면 니느웨가 무너지리라고 외쳤다. (○ ×)
- 니느웨 짐승들도 베옷을 입고 금식하였다. (○ ×)
- 여호와께서 니느웨 성에 재앙을 내리셨다. (○ ×)

제목 홍해 앞에서

본문 125쪽

1 이집트 군대가 따라오자 하나님이 불기둥을 뒤로 보내 막으셨다. (○ ×)
2 홍해는 지팡이를 내밀자 곧바로 갈라졌다. (○ ×)
3 홍해가 덮이자 애굽 군대는 대부분 피하였다. (○ ×)

제목 소경과 바리새인

본문 128쪽

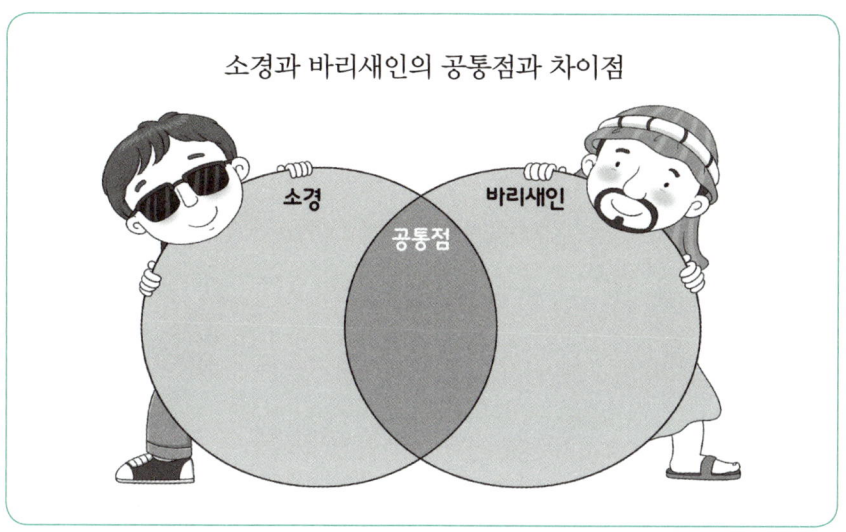

제목 이스라엘 백성과 나를 비교해보아요

본문 129쪽

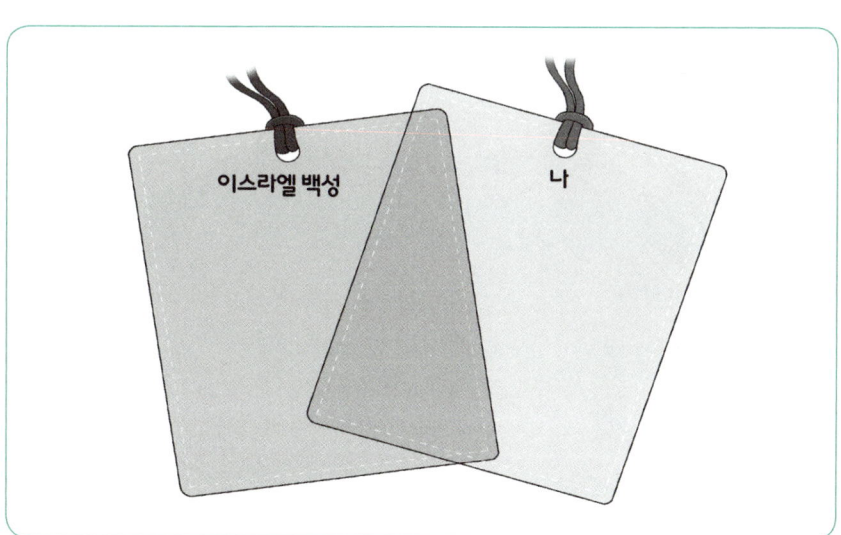

제목 공통점과 차이점 찾기  본문 130쪽

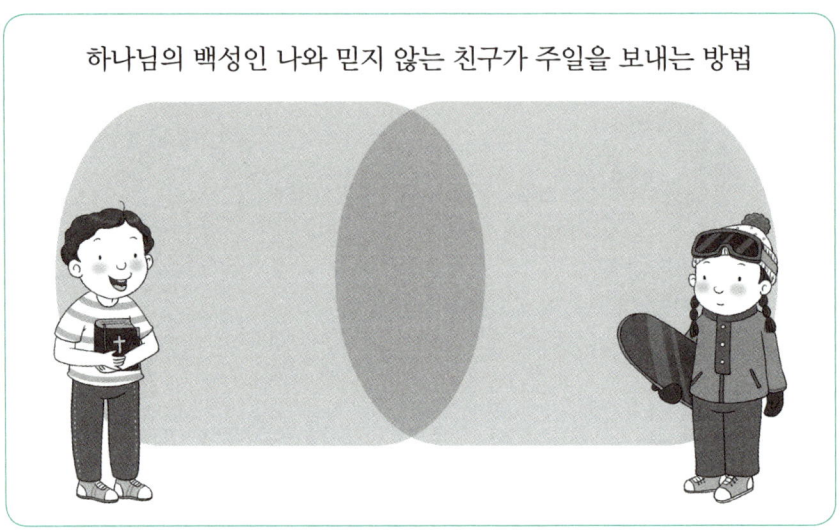

하나님의 백성인 나와 믿지 않는 친구가 주일을 보내는 방법

제목 이삭과 나를 비교하기  본문 131쪽

이삭과 나의 공통점과 차이점을 적어보세요.

제목 **나를 소개합니다**  본문 134쪽

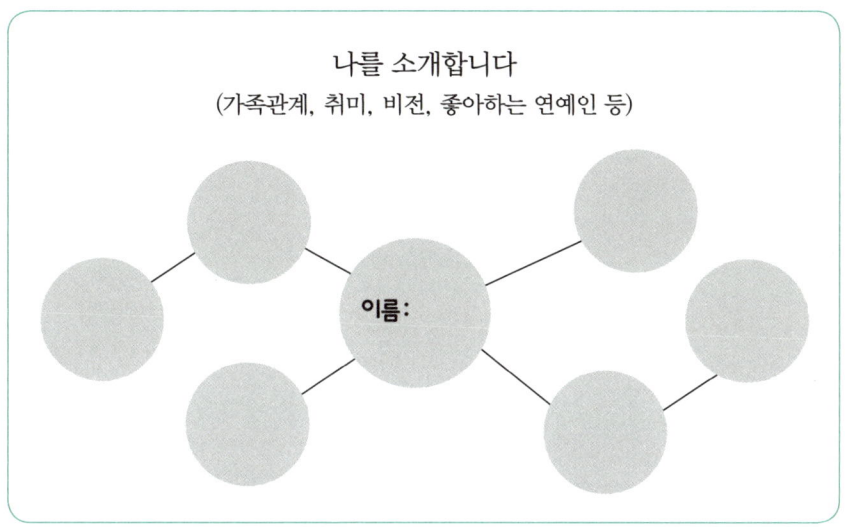

제목 **병을 고친 사람들** 본문 135쪽

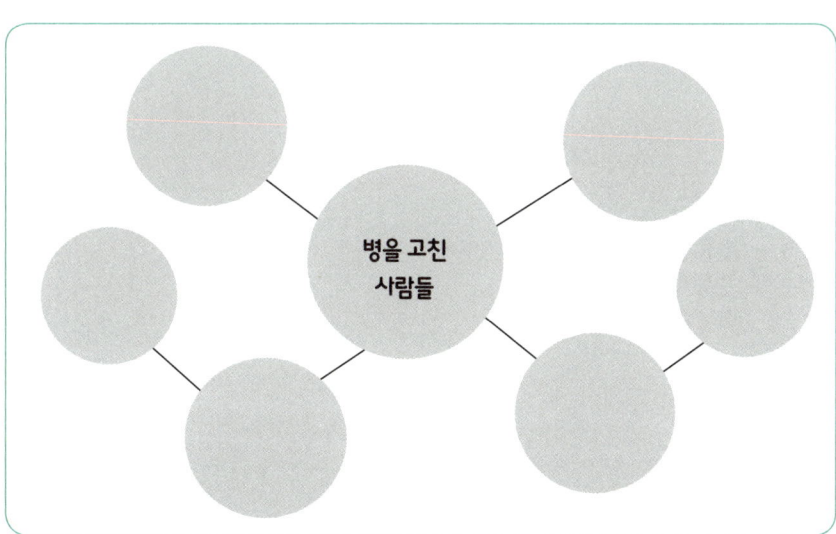

제목 하나님 나라를 위해 내가 해야 할 일은?  본문 136쪽

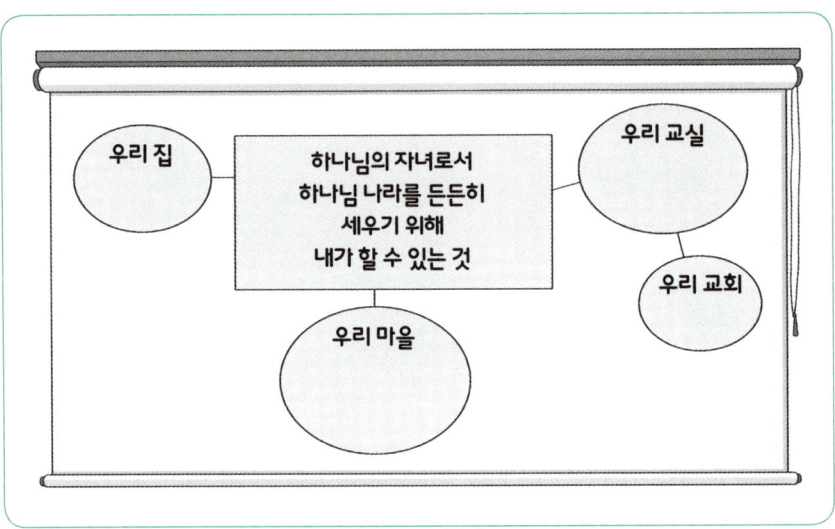

제목 지혜롭게 행해야 할 것들  본문 137쪽

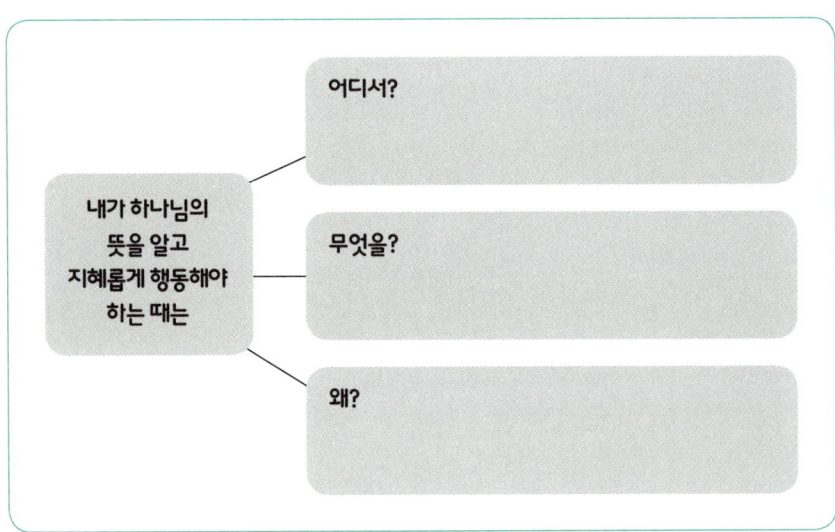

제목 **나의 하루는?**  본문 140쪽

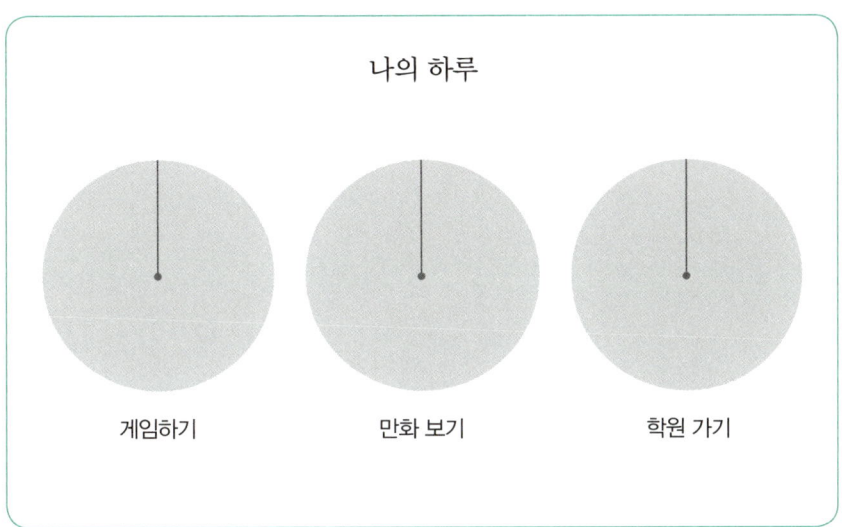

제목 **하나님만을 섬기며 사는 나의 모습**  본문 141쪽

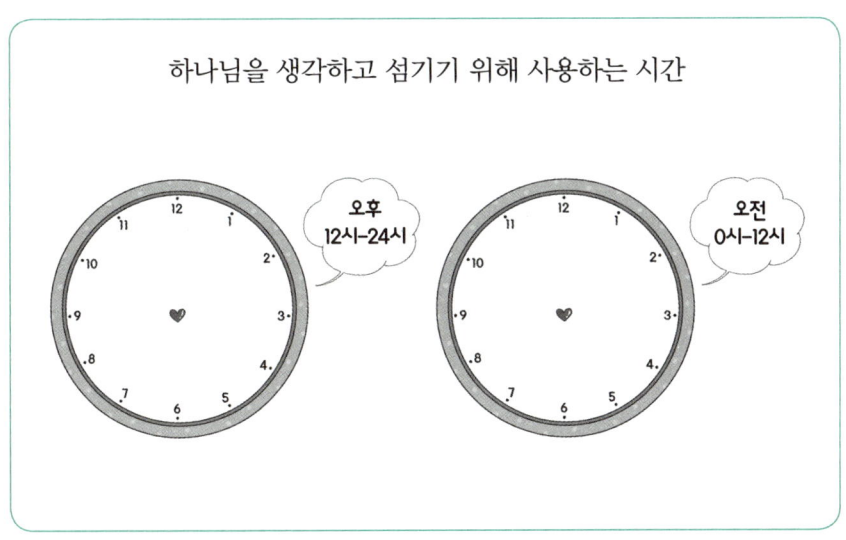

제목 하나님, 채워주세요  본문 142쪽

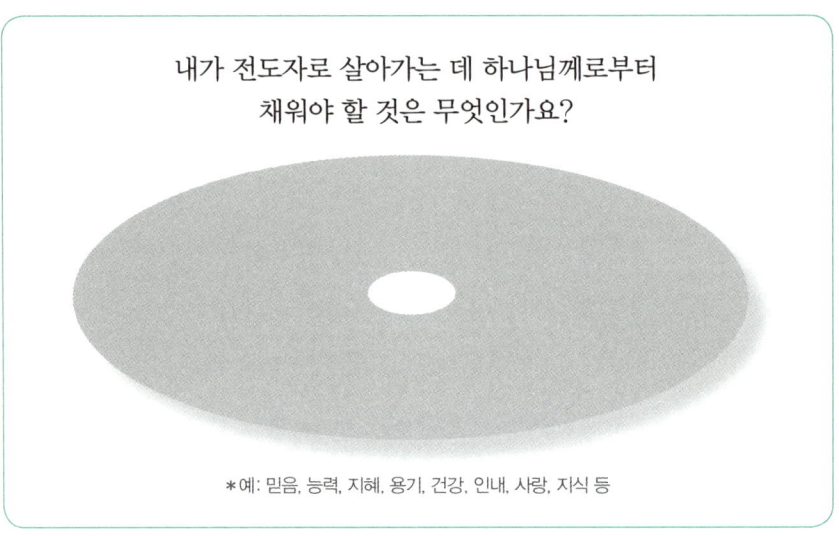

내가 전도자로 살아가는 데 하나님께로부터 채워야 할 것은 무엇인가요?

＊예: 믿음, 능력, 지혜, 용기, 건강, 인내, 사랑, 지식 등

제목 나는 어떤 예배자인가?  본문 143쪽

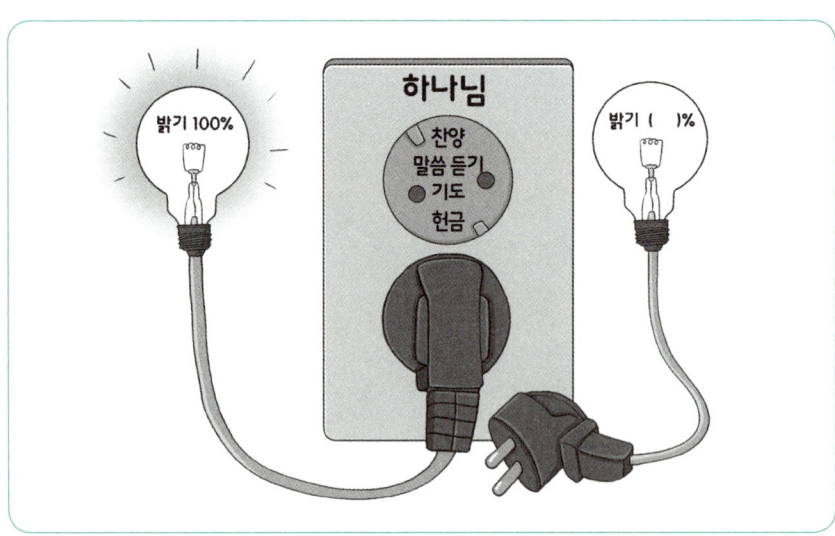

제목 **평생사명선언서**  본문 146쪽

평생사명선언서

나 _____ 는(은) 주님의 용서와 구원을 체험한 자로서
두려움 없이 주님을 섬기고 평생 동안 주님 앞에서
거룩하고 의롭게 살아갈 것을 다짐합니다.

20   년   월   일

이름: _____ (서명)

제목 **봉사활동 서약서**  본문 147쪽

봉사활동 서약서

나는 앞으로
_____
마음과 각오로 봉사하겠습니다.

서약자: _____

제목 지금부터 바로 섬겨요  본문 148쪽

_____ 교회

_____ (으)로서

하나님께 책임을 다하는

_____

제목 하나님과 씨름하라  본문 152쪽

야곱이 하나님과 씨름하여 얻은 것은?

제목 좁은 문으로 들어가면?  본문 154쪽

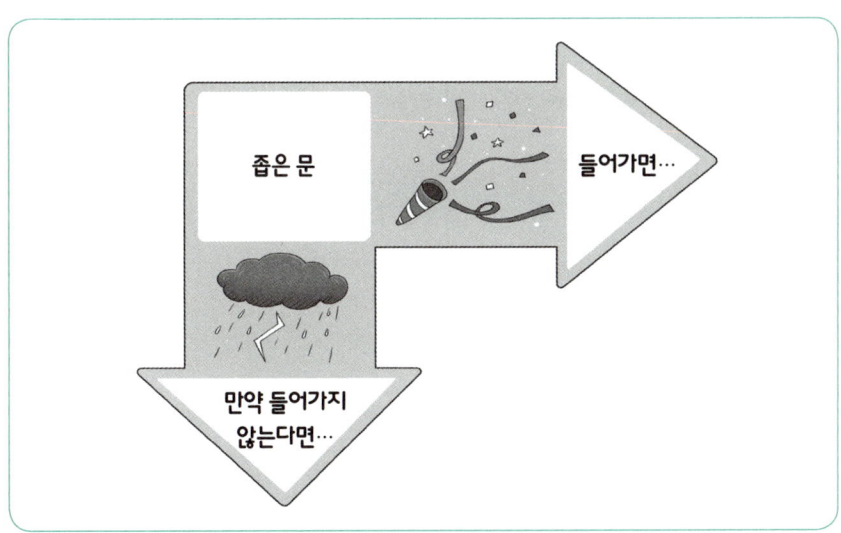

제목 끝까지 섬기면?  본문 155쪽

제목 나의 모든 것을 말해줄게  본문 158쪽

 너의 모든 걸 알고 싶어!

	눈썹	입	팔	머리둘레	손뼘
A					
B					
C					
D					

제목 제자들과 보지 못하는 거지를 비교해보세요  본문 159쪽

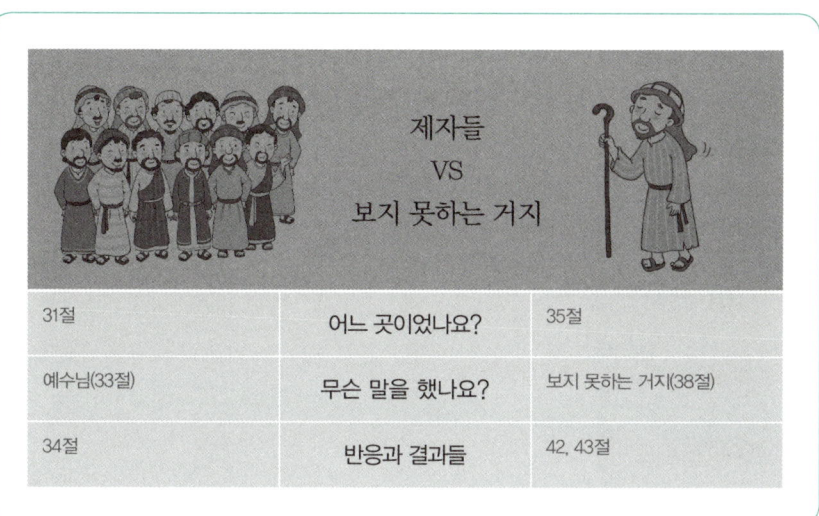

	제자들 VS 보지 못하는 거지	
31절	어느 곳이었나요?	35절
예수님(33절)	무슨 말을 했나요?	보지 못하는 거지(38절)
34절	반응과 결과들	42, 43절

제목 어떤 모습일까?  본문 160쪽

나는?	다윗은?	주어지는 상황들	___는?	___는?
		죽음의 위협을 느끼는데 제사장 아비멜렉을 만남		
		친구들이 술과 담배를 권할 때		
		시험 준비를 하지 못했는데 시험을 쳐야 함		
		주일 예배 시간에 학원의 중요한 보충수업이 있을 때		

제목 예루살렘 멸망에 대한 예언  본문 164쪽

예레미야를 통해 주신 하나님의 예언 (15-18절)

누가?(15절)	
언제?(15절)	시위대 뜰에 갇혀 있을 때
어디서?(15절)	
무엇을?(16절)	예루살렘 멸망
왜?(18절)	

제목 거라사 사건 엑스 파일  본문 165쪽

거라사 사건 엑스 파일

누가?

어디서?

무엇을?

어떻게?

왜?

제목 세상을 놀라게 하려면?

 본문 166쪽

누가?	무엇을?	언제?	어디서?	왜?
나 는(은)				세상을 놀라게 하기 위해

* 세상을 놀라게 할 때까지 우리의 진실하고 거짓 없는 생활은 계속된다! 쭈욱—!

제목 나만의 기도 비법

 본문 167쪽

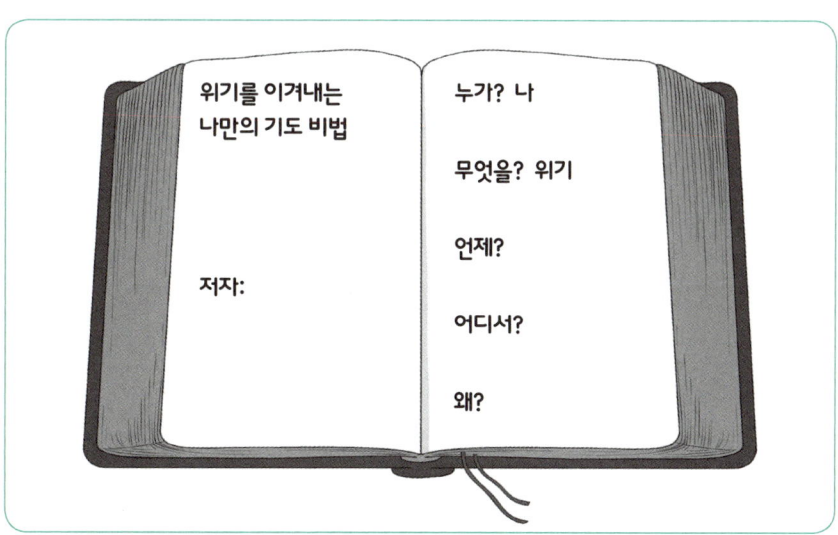

위기를 이겨내는
나만의 기도 비법

저자:

누가? 나

무엇을? 위기

언제?

어디서?

왜?

제목 기다려지는 날은?  본문 170쪽

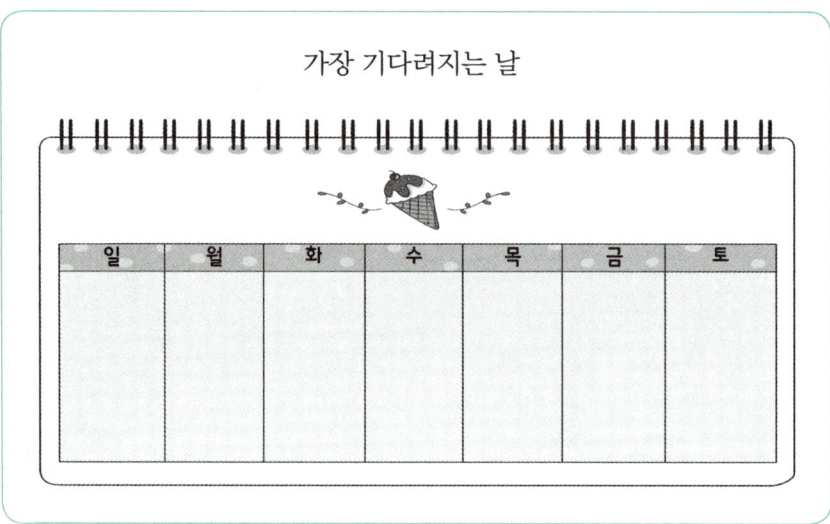

제목 나의 인생 스토리  본문 171쪽

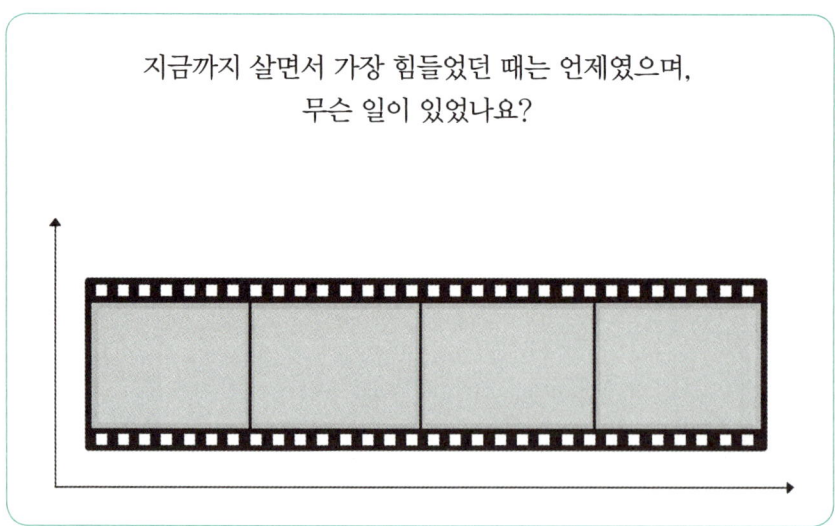

제목 예수님께 어떤 일이 일어났나요?

본문 172쪽

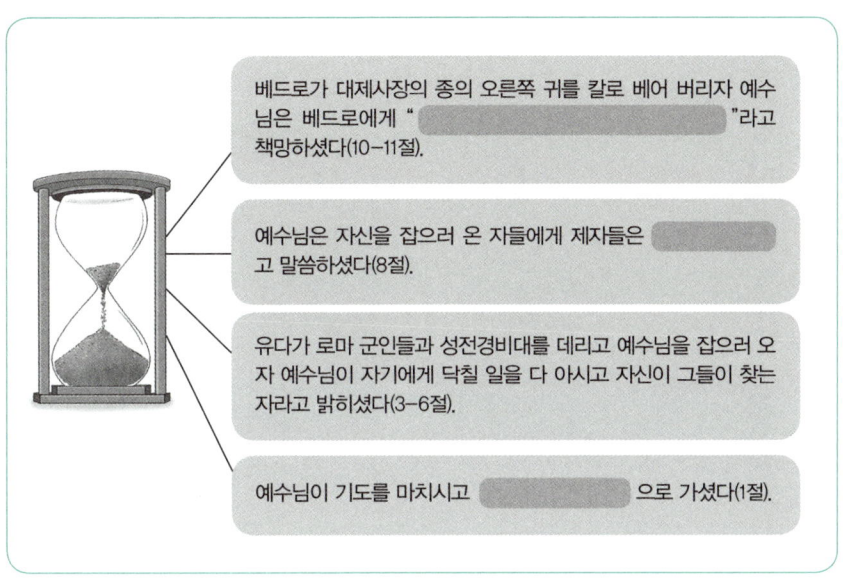

- 베드로가 대제사장의 종의 오른쪽 귀를 칼로 베어 버리자 예수님은 베드로에게 "_____"라고 책망하셨다(10-11절).

- 예수님은 자신을 잡으러 온 자들에게 제자들은 _____고 말씀하셨다(8절).

- 유다가 로마 군인들과 성전경비대를 데리고 예수님을 잡으러 오자 예수님이 자기에게 닥칠 일을 다 아시고 자신이 그들이 찾는 자라고 밝히셨다(3-6절).

- 예수님이 기도를 마치시고 _____으로 가셨다(1절).

제목 영적인 슬럼프가 있었나요?

본문 173쪽

0세 ———————————————————— ____세
(현재의 나)

제목 비전 로드맵  본문 174쪽

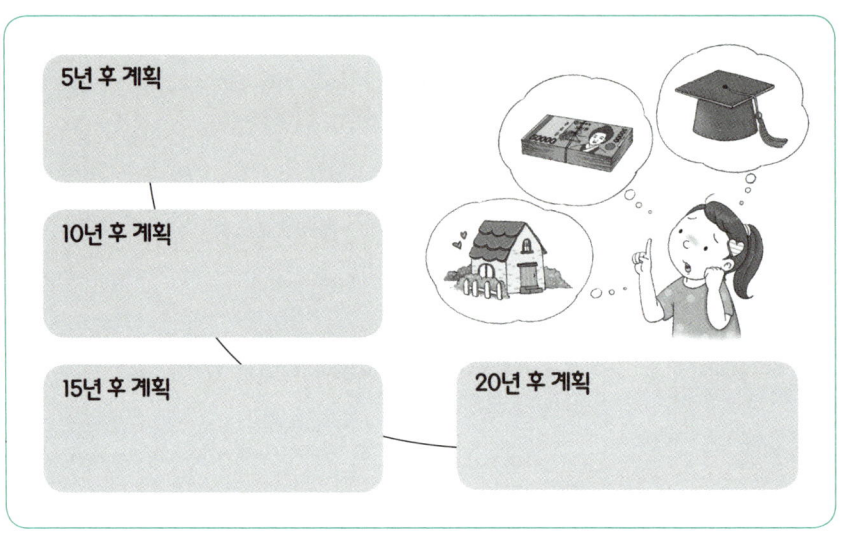

- 5년 후 계획
- 10년 후 계획
- 15년 후 계획
- 20년 후 계획

제목 손과 발의 역할  본문 178쪽

손
물건을 든다.
박수를 친다.

발
뛸 수 있다.
냄새 난다.

제목 급해요 & 중요해요  본문 179쪽

제목 기드온에 대해 알고 싶다  본문 182쪽

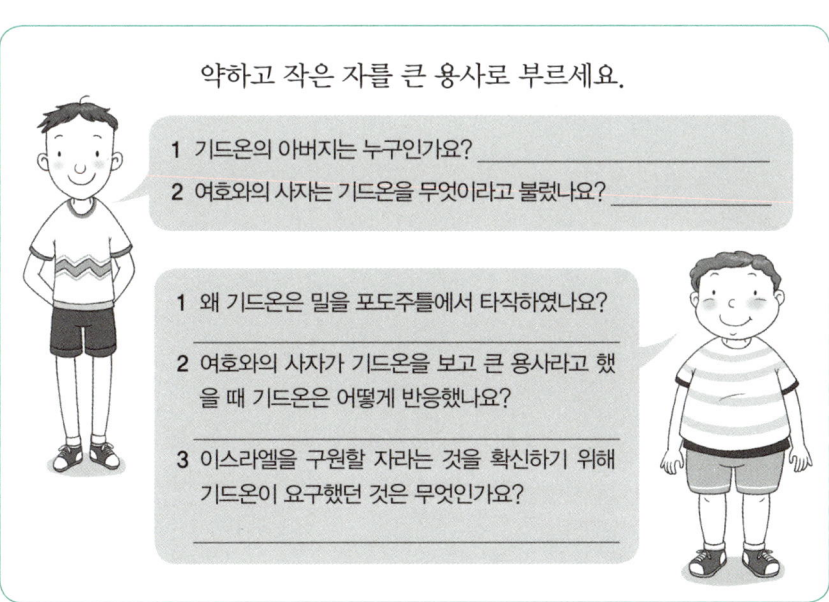

약하고 작은 자를 큰 용사로 부르세요.

1 기드온의 아버지는 누구인가요? _____
2 여호와의 사자는 기드온을 무엇이라고 불렀나요? _____

1 왜 기드온은 밀을 포도주틀에서 타작하였나요?
　_____
2 여호와의 사자가 기드온을 보고 큰 용사라고 했을 때 기드온은 어떻게 반응했나요?
　_____
3 이스라엘을 구원할 자라는 것을 확신하기 위해 기드온이 요구했던 것은 무엇인가요?
　_____

제목 나의 기도생활

홀쭉이 질문
- 요즘 나의 기도 제목은 무엇인가요?
  _____
- 나는 어디에서 주로 기도하나요?
  _____
- 나는 언제 기도하나요?
  _____

뚱뚱이 질문
- 나의 기도가 응답되지 않는 이유는 무엇일까요?
  _____
  _____
  _____
  _____
  _____
  _____